POCHE-VOYAGE MARCUS

L'INDE

*Nouvelle édition entièrement revue
et complétée par Hervé Beaumont*

« On n'aborde pas l'Inde profonde sans terreur. Depuis cent siècles elle a la fièvre, tant se sont renouvelées et transformées ces hallucinations collectives où le monde étanche sa soif des idées et des images. On renonce à compter ses dieux. Toutes les religions, ou à peu près, en sont venues. Notre métaphysique en sort. »
Elie Faure - 1932

ÉDITIONS MARCUS

15 Rue Faraday
75017 PARIS
Tél. 47 63 20 84

Le son français *ou* a été transcrit par la lettre *u* de même que le son français *tch* est traduit par *ch*.

6-1993

D'après l'édition originale de Polyglott-Verlag Dr Bolte KG, à Munich
Imprimé en France par **imb** IMPRIMEUR - 70000 Vesoul
ISBN 2-7131-0034-8
ISSN 0554-3401
Dépôt légal : 01-93

Le Taj Mahal à Agra

UN PAYS OÙ FLEURIT LA BEAUTÉ

Si une image de l'Inde sommeille en chacun de nous, c'est en raison de l'aspect universel de la civilisation de ce grand pays. « Une Inde repose au cœur de chaque homme », selon Malraux ; une culture qui, tel un long fleuve, est à la fois une et multiple, changement et immobilité et qui nous fascine tous. Il est pourtant difficile de s'aventurer à décrire ce pays, à l'image de ce vieux conte indien des quatre aveugles qui tentent de définir un éléphant. Le premier, qui a touché la trompe, dit « c'est un serpent » ; le second qui enlace une patte déclare « c'est une colonne » ; le troisième, tâtant l'oreille, affirme « c'est un éventail » ; un coup de queue du pachyderme fait dire au dernier « c'est un balai ». Il en est de même de cette Inde multiple où la profusion d'êtres, de langages, de formes et de couleurs est faite pour bouleverser le cœur de l'homme, qu'il soit aventurier, voyageur ou simple promeneur.

L'Inde est, depuis plus de quarante siècles, un élément majeur de notre monde ; par son peuple affectueux, un des plus nombreux de la terre ; par une spiritualité à laquelle se sont référés les plus grands penseurs de tous les temps, aux sources d'une sagesse, plus que jamais présente, de nos jours. Si la poésie de l'Inde a enthousiasmé les romantiques des siècles passés ; si la danse, le théâtre et la musique, messages du corps et de l'oreille, représentent des arts parfaits, l'Inde demeure pour les hommes du futur l'expression d'une pensée mystique, une réflexion poétique et métaphysique sur l'unité de l'être.

Au cours de son long passé civilisateur, l'Inde n'a jamais cessé de donner à l'art un rôle utilitaire : mettre l'humain en communication avec les divinités pour les honorer et les adorer. Intermédiaire entre les dieux et les hommes, l'artiste est à la fois officiant et maître d'œuvre, pour devenir le réalisateur du divin. Il en ressort qu'il n'y a pas « d'art pour l'art » et que les notions esthétiques de cette civilisation sont basées sur une cosmologie telle que le siège de la pensée n'est plus le cerveau, mais le cœur. Le dieu vit sur terre sous la forme d'une statue ; le temple est la réplique d'un univers céleste, lui-même contrepartie du monde terrestre. C'est ici que se donneront rendez-vous les grandes philosophies qui demeurent toujours la conscience de la plupart des hommes : le Brahmanisme dont le Bouddhisme devient une sublimation ; l'Hindouisme, éternelle réflexion sur les aventures d'un destin ; enfin, l'Islam avec sa foi universelle révélée. Aller en Inde aujourd'hui, c'est se hasarder plus loin qu'Alexandre le Grand ; c'est retrouver les Empereurs Moghols, descendants de Tamerlan ; c'est marcher dans les pas du Mahatma Gandhi ; oublier les Himalaya, les déserts de feu, pour répéter sans cesse, tel le pèlerin : « L'Himalaya n'est pas montagne, le Gange n'est pas rivière, seul Dieu est Dieu et je n'existe pas... » L'Inde est à vous, il est parfois difficile de la comprendre, mais il est toujours facile de l'aimer. Puisse cet ouvrage être fait pour les deux.

Situation et superficie

La superficie de l'Inde est de 3 287 781 km², le pays est peuplé par plus de 800 millions d'habitants. La densité de la population est d'environ 240 habitants au km² (France : 96). 3 220 km séparent les extrémités Nord et Sud de l'Inde, 2 750 km celles de l'Ouest et de l'Est. Les frontières de l'Inde, située au centre de l'Asie méridionale, s'étendent au Nord des montagnes de l'Himalaya et du Pamir (37° de latitude) jusqu'au cap Comorin (8° de latitude) à l'extrémité Sud. De la plaine de l'Indus à l'Ouest (68° de longitude) jusqu'aux sources de l'Irrawaddy à l'Est (97° de longitude). Les voisins de l'Inde sont à l'Ouest, le Pakistan (qui conteste la souveraineté de l'Inde sur une partie du *Jammu* et du *Cachemire*) ; au Nord, le Bhutan, la Chine et le Népal ; à l'Est, le Bangladesh et la Birmanie. Les côtes indiennes s'étendent au Sud-Ouest le long de la mer d'Oman ; au Sud-Est le long du golfe du Bengale, ces deux mers communiquent toutes deux au Sud avec l'océan Indien.

Ce n'est pas sans raison que l'Inde, dont la superficie est à peu près six fois celle de la France et la population représente environ un sixième de la population mondiale, est considérée à elle seule comme un véritable *sous-continent*.

Grandes régions administratives

L'Inde est depuis le 15 août 1947 une république indépendante, souveraine, démocratique et laïque. Elle fait partie du Commonwealth britannique. *L'Union indienne* comprend 23 Etats et 8 territoires administrés depuis New Delhi. Chaque Etat possède son propre gouvernement. Les territoires sont administrés par un gouverneur. Cinq grandes zones de coordination ont été créées qui rassemblent Etats et territoires du Nord, de l'Ouest, de l'Est, du Sud et du Centre.

Le pouvoir législatif de l'Union est exercé par le Parlement qui est composé du *Lok Sabha* (Chambre Basse et Conseil National) et du *Rajya Sabha* (Chambre Haute et Conseil d'Etat). Ils siègent de même que le Chef de l'Etat dans la capitale de l'Union : Delhi.

La population

L'Inde comptait vers 1900 environ 250 millions d'habitants. Au début de 1967 ce chiffre avait doublé et il dépasse maintenant 800 millions. Si l'on n'arrive pas à stabiliser cette croissance il devrait y avoir vers l'an 2000 près d'un milliard d'Indiens. En dix ans, entre 1976 et 1986, on a compté environ 70 millions de naissances ce qui représente la population de la France et du Benélux. Pour 1 000 enfants de sexe masculin naissent 941 petites filles. Environ 80 % de la population vit à la campagne dans 560 000 villages, le reste se partageant dans quelques 3 000 villes.

Les Etats sont (superficie en km², nombre d'habitants en unités d'un million) :

l'Andhra Pradesh (430 000 ; 55)
l'Assam (220 000 ; 20)
le Bengale occidental (88 000 ; 55)
le Bihar (175 000 ; 70)
le Gujarat (188 000 ; 35)
l'Haryana (50 000 ; 14)
l'Himachal Pradesh (55 673 ; 4,5)
le Jammu et Cachemire (223 000 ; 6)
le Karnataka (Mysore) (193 000 ; 38)
le Kerala (39 000 ; 26)
le Madhya Pradesh (445 000 ; 53)
le Maharashtra (308 000 ; 63)
le Manipur (22 356 ; 1,5)
le Méghalaya (22 500 ; 1,4)
le Mizoram (21 000 ; 0,5)
le Nagaland (16 000 ; 0,8)
l'Orissa (156 000 ; 27)
le Punjab (73 000 ; 17)
le Rajasthan (343 000 ; 35)
le Sikkim (7 298 ; 0,3)
le Tamil Nadu (130 000 ; 49)
le Tripura (10 477 ; 2,1)
l'Uttar Pradesh (295 000 ; 112)

Les territoires : îles Andaman et Nicobar ; l'Arunachal Pradesh ; Chandigarh ; Dadra et Nagar Haveli ; Delhi ; Goa, Daman et Diu ; Lakshadweep (les îles Laquedives Minicoy et Amindivi) et Pondicherry (ancien comptoir français).

L'espérance de vie qui était en 1900 de 24 ans est maintenant de 43 ans. Cependant 75 % de la population a moins de 35 ans et seulement 8 % atteint l'âge de 55 ans.

85 % des Indiens sont de confession hindoue, 10 % sont musulmans, il y a environ 2 % de chrétiens, 1,5 % de sikhs, 1 % de bouddhistes, 0,5 % de jaïns et une minorité de parsis et de juifs. Du point de vue ethnique « l'indien » est le produit d'un métissage entre les anciens envahisseurs indo-européens (Arya) au teint clair, venus du Nord-Ouest et les populations autochtones de pigmentation foncée, dont le type s'est maintenu surtout en Inde méridionale. A ces deux groupes fondamentaux, s'ajoutèrent aux cours des siècles des apports d'autres ethnies : mongoles dans le Nord-Est, perses et arabes dans le Nord et l'Ouest du pays.

Les conditions de vie de la population sont très différentes suivant qu'il s'agit des habitants des grands centres urbains ou des campagnes. Les différences du niveau d'éducation et de vie ne sont pas moins grandes. Aussi l'idée même « d'indien moyen » tel que pourrait se l'imaginer un étranger non averti ne correspond à aucune réalité.

Il faut encore savoir que près de 2 millions d'indiens se sont expatriés et vivent en particulier dans le Sud-Est asiatique et en Afrique, où ils exercent souvent le métier de commerçant.

Aperçu géographique

Sur les cartes, l'Inde se présente sous la forme d'un triangle dont la côte septentrionale suit approximativement la haute chaîne des montagnes de l'Himalaya, vers le 30° de latitude. On distingue en Inde trois grandes régions thermiques :

Au Nord s'étendent presque parallèlement trois des grandes chaînes qui forment l'*Himalaya* et ses contreforts, ces montagnes entourent les hauts plateaux et les vallées du *Cachemire*, du *Kulu* et de *Kangra*. Quelques-uns des plus prestigieux sommets du monde dominent les collines boisées et la jungle du *Siwalik* et du *Tarai*. Seuls, quelques cols, ceux de *Jelepla*, *Natula*, etc., permettent de franchir cette puissante barrière large de 240 à 320 km et longue de près de 2 500 km.

Plus bas s'écoulent les immenses fleuves de l'*Indus*, du *Gange* et du *Brahmaputra*. Les deux derniers arrosent la grande *plaine gangétique*. Sur ces terres fertiles, se groupe la plus grande partie de la population indienne, alors que le désert du *Thar* à l'Ouest n'abrite que de rares habitants.

La grande plaine gangétique est bordée au Sud par des chaînes de montagnes plus modestes (hautes de 450 à 1 200 m), telles l'*Aravalli* et les hauteurs de *Satpura*, *Vindhya*, *Mahadéo* et de *Maikal* qui séparent la pleine du *plateau du Dekkan*. Celui-ci forme la véritable péninsule indienne bordée à l'Ouest par les *Ghâtes occidentales* d'une hauteur moyenne de mille mètres avec quelques sommets pouvant atteindre 2 500 m et à l'Est par les *Ghâtes orientales* qui ne dépassent pas 600 m d'altitude. Les deux chaînes montagneuses se réunissent au *Nilgiri* (montagnes bleues), dégageant au Sud-Est une plaine qui s'allonge entre les monts et la mer.

A l'extrémité méridionale de la péninsule, les montagnes du *Cardamon* s'élèvent non loin du *Cap Comoran* où la mer d'Orman et le golfe du Bengale se perdent dans l'océan Indien.

On distingue en Inde quatre bassins fluviaux : le plus important est alimenté par les neiges de l'Himalaya. Celui du Dekkan est tributaire des pluies de mousson et comprend la *Godavari*, la *Kistna (Krishna)*, la *Mahanaadi* et la *Cauvery* qui s'écoulent dans le golfe du Bengale. La *Narmada (Narbada)* et la *Tapi* coulent en direction de l'Ouest et se perdent dans la mer d'Oman. D'autres cours d'eau moins importants, alimentés seulement pendant la saison des pluies, se jettent dans la mer ou se perdent dans les terres arides près des côtes (notamment au Rajasthan).

Leur rôle est important pour l'irrigation, mais négligeable dans le contexte général et énergétique.

Les structures géologiques correspondent aux grandes divisions géographiques :

L'Himalaya est composé de roches primitives au-dessus desquelles se sont déposées au cours du tertiaire des couches de sédiments qui ont été soulevées et plissées. Plus au Sud s'étend la grande plaine alluviale, à laquelle fait suite la péninsule du Dekkan composée de couches fondamentales très anciennes que leur structure géologique expose à des tremblements de terre.

Un septième environ de la superficie de l'Inde est couvert de forêts. Ces dernières sont concentrées dans la région himalayenne au Sivalik et au Taraï, dans les massifs montagneux de l'Inde centrale, le long des *Ghâtes* et près de l'embouchure du Gange *(Sunderbans)*.

Les quatre cinquièmes des terres arables sont utilisés pour la culture des céréales et du riz. Le reste sert de pâturage ou est consacré à la culture du coton, de la canne à sucre et aux plantations de café et de thé. Enfin, de grandes régions comme le désert du Thar et les hauteurs de l'Himalaya sont parfaitement arides.

Le climat

A part la région montagneuse de l'Himalaya, l'Inde est considérée comme faisant partie des zones tropicale et subtropicale. L'année se divise en trois saisons climatiques :

L'hiver qui dure du mois de novembre au mois de mars. Dans l'Inde septentrionale et centrale, les journées peuvent être assez fraîches et les nuits sont souvent froides. Dans le Sud les températures sont printanières.

L'été débute en avril et dure jusqu'à juin ou juillet ; pendant cette saison, la température ne cesse de s'élever et il fait très chaud et sec.

La mousson ou saison des pluies commence en juin ou juillet et se termine au mois d'octobre. La mousson d'été qui vient de la mer poussée par des vents du Sud-Ouest, amène des pluies torrentielles qui rafraîchissent rapidement l'atmosphère.

Pendant les mois d'hiver, les vents de mousson soufflent en sens contraire, du Nord-Est en direction de la mer. Dans les villes de la grande plaine : Delhi, Jaipur, Agra, Lucknow, Varanasi (Bénarès), règne en cette saison un climat tempéré. La chaleur sèche des premiers mois de « l'été » est très supportable pour les Occidentaux ; de même le climat maritime de Bombay et de Madras. A Calcutta, le degré d'humidité de l'air est généralement élevé. Les moyennes de température en « été » et en hiver sont à Bombay

33 °C/19 °C, à Srinagar 25 °C/2 °C, Lucknow 30 °C/10 °C, Madras 43 °C/10 °C, Calcutta 38 °C/12 °C.

Les régions désertiques de l'Ouest ne sont pratiquement jamais arrosées par les pluies ; celles-ci sont généralement modérées à Madras, dans le sud et le nord-ouest du Dekkan ainsi que dans le bassin supérieur du Gange. Le nord-est du Dekkan et la plaine inférieure du Gange reçoivent une moyenne annuelle de 1,50 m de pluie. La côte de Malabar reçoit 3 mm de pluie par an. Les régions les plus humides se situent sur la côte occidentale, au Bengale et en Assam.

Le Cachemire ne subit pas la mousson.

Cherrapunji bat le record du monde de pluviosité avec une moyenne de 10,8 m par an.

Flore et faune

Les chênes et les conifères, principalement les pins et les cèdres (Deodar) se plaisent sur les contreforts des cimes de l'Himalaya, des vergers ont été plantés dans les hautes vallées où fleurissent les rhododendrons et où l'on cultive les plants de thé *(Darjeeling)*. Plus bas s'étendent la jungle, et les cultures de la grande plaine, où poussent toutes sortes de céréales, le riz, le millet, le maïs, mais aussi la canne à sucre, le tabac, le coton et le jute.

La flore subtropicale s'épanouit dans le sud, le Kerala est réputé pour sa végétation luxuriante où les manguiers, et les pipalas (figuier de l'Inde) voisinent avec les banyans et les palmiers. On y trouve aussi des papayas et des tamaris, des acacias et des flamboyants, et bien sûr des bosquets de bambous. Toute cette végétation est un des attraits du paysage de l'Inde méridionale.

La faune de l'Inde est une des plus riches du monde, on peut y observer d'innombrables espèces d'oiseaux sédentaires ou migrateurs (bécasses, canards, perdreaux, etc.). Dans les régions montagneuses du Nord vivent encore en liberté (mais surtout dans les réserves) des mouflons et des antilopes (goral, ibex, thar, serow, goe), des cervidés (en particulier, des daims), des ours, des léopards des neiges. Les tigres, les panthères, les bisons sont devenus rarissimes dans la plaine gangétique et le Dekkan ainsi que les rhinocéros (Assam) et les lions (forêt de Gir). Mais on peut encore voir des éléphants. Parmi les animaux domestiqués outre les zébus, buffles, mulets, ânes, le visiteur remarquera, au Rajasthan, des dromadaires et les éléphants plutôt dans le Sud. Citons encore les mangoustes, de nombreuses variétés de serpents, des écureuils et une multitude d'oiseaux divers.

Langue et écriture

En 1947 le pourcentage d'analphabètes représentait 98 % de la population, de nos jours environ 35 % des hommes et 18 % des femmes savent lire et écrire. Toutefois le problème de l'unification des langues est loin d'être résolu en Inde. C'est ainsi que 1 652 idiomes différents étaient encore utilisés dans le pays en 1987. L'anglais reste donc encore la langue qui permet la communication dans l'ensemble du pays, avec l'*hindi*, qui est la seule langue officielle. Bien entendu tous ces parlers peuvent être groupés en un certain nombre de *langues principales* qui se répartissent (en million d'utilisateurs) :

Hindi (135), Telugu (39), Bengali (35), Marathi (34), Tamoul (31), Ourdou (24), Gujarati (21), Kannada (19), Malalayam (17), Oriya (16), Punjabi (11), les différents parlés de l'Assam (7), et le Cachmiri (2).

L'hindi dont les racines, comme celles de la plupart des langues parlées en Inde septentrionale se rattachent au fond indo-européen (sanskrit) est utilisé dans les Etats du Bihar, Madhya Pradesh, Rajasthan, Uttar Pradesh, Himachal Pradesh et à Delhi. L'hindi avec l'écriture dewanagari, est depuis le 26 janvier 1965 la langue officielle de l'Union.

L'ourdou qui a subi l'influence de l'hindi se rattache au fonds linguistique turco-iranien et s'écrit à l'aide de l'alphabet arabe. Cette langue est surtout utilisée par les populations de confession islamique et au Pakistan.

Les langues pratiquées dans le sud sont totalement différentes de l'hindi, elles forment le groupe dravidien auquel se rattachent le telugu, le tamoul, le kanneri et le malayalam.

Gandhi avait prévu de remplacer progressivement comme langue officielle l'anglais par l'hindi qui est une langue artificielle constituée à partir des dialectes *hindustani* et *ourdou* pratiqués par les populations de l'Inde septentrionale. En fait le gouvernement n'est jamais parvenu à imposer ce langage dans l'Est et le Sud du pays, et l'anglais est toujours utilisé dans l'administration et le monde des affaires.

Economie

Le sous-sol de l'Inde est particulièrement riche en ressources minières. De nombreux gisements de houille sont exploités à Jharia, Raniganj, East Bokara et dans le Gujarat, Rajasthan, Cachemire ainsi qu'à Madras. Du pétrole a été trouvé dans les Etats de l'Est, le long des côtes et sur les contreforts de l'Himalaya. Le minerai de fer est une des richesses du Bihar et de l'Orissa qui fournissent à eux deux un quart de la production mondiale de fer et un tiers de celle de manganèse. Le Bihar

Le mot « hindou » écrit selon les différents alphabets en vigueur en Inde

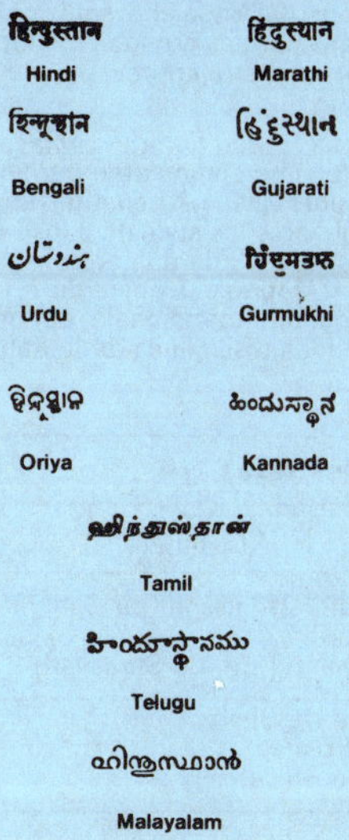

et le Rajasthan fournissent en outre du cuivre ; l'état de Mysore de l'or. Parmi les autres ressources minières de l'Inde on peut citer la bauxite, le chrome, etc. Mais jusqu'à maintenant seule une infime partie des réserves a été exploitée et traitée.

L'agriculture, la pêche et l'élevage font vivre 75 % de la population. L'Inde est le plus important producteur sur le plan mondial, de thé, de sucre de canne, d'oléagineux et de riz ; elle est en seconde position en ce qui concerne, le riz, le coton, le tabac, le froment, le millet et l'orge. On cultive également le maïs et les légumes secs. L'industrie forestière fournit des bois précieux et produit la matière première nécessaire à la fabrication du papier, de résines, de caoutchouc, etc.

L'Inde est une grande puissance industrielle (la 9e mondiale). De l'industrie agro-alimentaire à l'industrie spatiale en passant par l'atomique, l'Inde s'est dotée d'un outil performant. Une des firmes industrielles les plus connues dans le monde est celle du groupe privé Tata (automobile, tracteur, etc.). La plupart des grosses entreprises indiennes sont nationalisées.

Les deux handicaps du développement industriel de l'Inde sont les transports et les communications.

Le produit national brut (1989) s'élève à environ 200 milliards de *dollars* se répartissant ainsi : agriculture 51 %, mines et industrie 18 %, commerce et tourisme 15 %. Le PNB moyen par habitant était en 1989 d'environ 240 dollars.

Une des caractéristiques de la société indienne est l'énorme disparité qui existe entre deux groupes de population. On compte 100 millions d'Indiens qui vivent pratiquement selon les standards européens, et le reste (paysans, bidonvilles, etc.) dans une misère quasi totale.

Habillement traditionnel

Dans les grandes villes, l'usage des vêtements occidentaux se répand de plus en plus surtout parmi la population masculine. Toutefois, le costume que Nehru mit à la mode : calot noir (dit du « congrès »), redingote boutonnée à col rigide et pantalon blanc étroit, se voit encore souvent. Le reste de la population tant en ville qu'à la campagne reste fidèle au vêtement traditionnel le *dhoti,* sorte de jupe ramenée entre les jambes, et au turban qui suivant les régions a une forme particulière *(pagri, pheta ou safa).*

Si l'habillement des hommes peut apparaître un peu uniforme et terne, il contraste avec celui des femmes dont les *saris* aux couleurs chatoyantes attirent de loin les regards. Le sari consiste en une pièce de tissu (soie ou coton) longue d'environ 6 mètres qui se drape de façon différente suivant les régions ; il se porte généralement sur un petit corselet enveloppant le buste *« choli ».* Le costume traditionnel des femmes du *Punjab « Shalwarkamis »* est fait d'une sorte de chemise *(kamis)* sur laquelle se porte un châle *(dupatta)* qui peut envelopper la tête et de pantalons qui se rétrécissent sur les chevilles *(shalwar).* Cette tenue est particulièrement populaire parmi les jeunes filles fréquentant les collèges et les universités et les jeunes femmes employées dans les administrations. Ce costume s'est développé à partir de celui des femmes des pays musulmans.

Les femmes mariées portent souvent sur le front, entre les yeux, un signe rouge fait à l'aide d'oxyde de mercure *(tilaka).* Cet usage n'indique nullement l'appartenance à une caste et relève simplement de la coquetterie. Les jeunes filles utilisent pour le même usage une laque de couleur. Quand il est porté par les hommes, le « tilaka » a une signification religieuse et indique la dévotion particulière à un des grands dieux de l'hindouisme. Certains groupes de population, comme les sikhs et les parsis, ont leurs propres traditions vestimentaires.

Fêtes et traditions

L'art et les traditions populaires de l'Inde se sont invariablement développés à partir des grands mythes religieux de l'hindouisme, ils ont donné naissance à de multiples expressions folkloriques qui se sont épanouies dans des climats et des contextes ethniques différents.

Le public occidental a pu se familiariser depuis quelque temps avec la musique traditionnelle indienne grâce surtout aux concerts donnés par de grands virtuoses indiens de réputation mondiale comme *Ravi Shankar* et d'autres. Les deux instruments de base de cette musique sont la cithare indienne *(vina)* et le tambour *(tabla)*, parfois accompagnés par une flûte.

Les thèmes musicaux ou *raga* illustrent des états d'âmes accordés aux saisons, aux heures du jour ainsi qu'aux sentiments, joies et peines que l'être humain peut ressentir.

Les danses traditionnelles de l'Assam et des tribus du Nagaland sont maintenant exécutées par des groupes folkloriques et peuvent ainsi être appréciées par les touristes.

Au *Kerala* la tradition du *kathakali,* sorte de pantomime commentée par un chœur, est toujours vivace et constitue un spectacle inoubliable. Le style de danse *kathak* a son origine en Inde du nord et remonte à l'époque Moghole. L'école du *bharatanatyam* de l'Inde méridionale, est une autre des grandes disciplines de la danse clas-

Le calendrier des grandes fêtes

Dates	Lieux	Manifestations
Janvier	Sud de l'Inde	Pongal (fête de la moisson) ou Sankranti dans l'État du Mysore
Janvier/fév.	Toute l'Inde	Vasanta Panchami (fête de Sarasvati)
Février	Toute l'Inde	Shivaratri (fête de Shiva)
	Nord de l'Inde	Holi (fête de Krishna)
Février/mars	Kérala	Puram (fête de Shiva)
Mars	Rajasthan	Gangaur (fête de Parvati)
	Bengale et Orissa	Dolajyatra (fête de Parvati)
	Maharashtra	Gudi Parwa (jour de l'an Salivahan)
	Nord de l'Inde	Rama Navami (fête de Rama)
Avril/mai	Toute l'Inde	Vaishaki ou Baishakhi (fête du printemps du premier jour de l'année solaire hindoue)
	Penjab	Gudi Parva (fête sikh)
	Madurai	Festival de Minakshi (durée 10 jours)
Juillet	Orissa (Puri)	Rathayatra (procession de chars)
	Mathura	Jamma Ashtami (fête de Krishna)
Juillet/août	Rajasthan	Nagapanchami (fête des cobras)
		Tij (fête de la moisson avec balançoires)
	Nord de l'Inde	Narali Purnima (fête de la fin de la mousson)
Août	Kérala	Onam (fête de la moisson)
	Toute l'Inde	Janmashtami (naissance de Krishna)
	Bombay/Madras/ Poona	Ganesha Chaturthi (fête de Ganesha)
	Toute l'Inde	Raksha Bandhan (fête d'Indra)
	Amarnath (Ladâkh)	Pèlerinage dédié à Shiva (à la pleine Lune)
Octobre	Mysore	Dashahara (fête de Durga)
	Sud de l'Inde	Navaratri (fête de Durga) durant 10 jours
Octobre/ novembre	Toute l'Inde	Divali ou fête des lumières (fête de Lakshmi et, au Bengale, de Kālī)
	Penjab (Amritsar)	Guru Nayak Jayanti (fête des Sikhs)

Nota : il existe plus de 400 fêtes annuelles en Inde : sont citées les plus connues. Il est difficile d'indiquer la date exacte des manifestations ; les Hindous utilisant un calendrier luni-solaire avec 12 mois lunaires et, tous les trois ans, un mois supplémentaire *(adhikanasa)*. En plus des fêtes hindoues, de nombreuses cérémonies musulmanes sont suivies par l'Islam indien ; le calendrier religieux musulman étant lunaire, les festivités changent de date chaque année.

sique et traditionnelle de l'Inde. Les danseurs du *bharatanatyam* interprètent presque toujours dans un style gracieux et raffiné, des danses qui s'inspirent des grands thèmes religieux de l'Inde. Le *manipuri*, qui a un caractère plus folklorique, est originaire de l'Inde orientale.

Autrefois les grands temples et les cours princières entretenaient de nombreuses danseuses qui participaient aux fêtes religieuses.

Ces fastes ont depuis longtemps disparu. Seuls les bas-reliefs des temples, où ces *kanyas* ou danseuses sacrées sont souvent représentées, gardent le souvenir de ces temps révolus.

La splendeur et le faste des nababs et des maharajas ne sont plus aujourd'hui qu'un souvenir, mais le sens de la fête semble être inhérent à l'âme indienne et se retrouve dans les innombrables festivités que jalonnent toutes les saisons de l'année.

Jaipur, Mysore, Varanasi (Bénarès), Puri et bien d'autres lieux sont célèbres pour les fêtes qui s'y déroulent. Des processions toujours très spectaculaires parcourent alors les artères de ces villes, que ce soit de jour, ou de nuit à la lumière des torches, et ce genre de manifestations enchantent toujours les spectateurs. Souvent, la statue d'une divinité est transportée en grande pompe d'un lieu saint à un autre, des chars richement décorés de fleurs, des éléphants somptueusement ornés et de nombreux musiciens participent aussi à ce genre de manifestation. En dehors des fêtes locales, on célèbre dans toute l'Inde *Dusserah* et *Diwali*. Au cours de la première de ces fêtes, on promène de grands mannequins en carton qui décrivent la victoire de *Rama* sur le démon *Ravana*. *Diwali*, est la « fête des lumières » qui commémore le retour victorieux de Rama dans son royaume. Pour *holi*, la fête du printemps, on s'asperge mutuellement de liquide rouge à l'aide de seringues en souvenir du dieu *Krishna* enfant.

Les musulmans célèbrent, comme dans tous les pays convertis à l'islam, le *Ramadan, Ier Moharrem, Id-ul-Fitr*, etc. Enfin on ne peut omettre sans risquer de dénaturer ces fêtes, les figures marginales et pittoresques qu'on ne manquera pas de remarquer : les *sadhu* ou ascètes mendiant, les *yogi* recherchant l'illumination grâce à la méditation, les *fakirs* ascètes musulmans à qui l'on prête des pouvoirs magiques, sans oublier les astrologues, diseurs de bonne aventure, charmeurs de serpents.

Il nous semble inutile d'affirmer que l'usage antique et barbare de brûler les veuves sur le bûcher de leur époux *(sati)* a été aboli depuis fort longtemps en Inde.

Les Castes

Depuis l'indépendance, le système millénaire des castes a été officiellement aboli mais dans la réalité, il est loin d'en être de même ; la stricte hiérarchie sociale traditionnelle hindoue est toujours vivace.

On a longtemps cru qu'il avait été imposé par les envahisseurs aryens qui voulaient conserver leur pureté religieuse et ethnique au milieu des populations vaincues. Mais on ne pense plus que le terme *varna* désignant les quatre castes ait un lien avec la couleur de la peau.

La légende de la naissance rapporte que les quatre castes sortirent de *Brahma*, le Créateur.

De la tête naquirent les *brahmanes*, prêtres dépositaires de la science et de la religion ; des bras, les *kshatriya*, guerriers, rois et princes ; du ventre, les *vaishya*, paysans, artisans et marchands ; des pieds les *sudra*, destinés à servir les trois castes supérieures, dont les membres étaient d'origine aryenne. Au-dessous des *shoudra*, exclus des castes, les *Intouchables* (vidangeurs, blanchisseurs, balayeurs, tanneurs, etc.) exercent les métiers qui les mettent en contact avec toutes les matières qui sont considérées comme impures.

Résultat de l'apparition de métiers et de techniques nouvelles ainsi que de l'émigration de nombreux groupes ethniques, les castes se sont multipliées ; elles sont de nos jours au nombre de trois mille et restent fort vivaces surtout en milieu rural.

De nature à la fois religieuse et sociale, les relations entre membres de castes différentes sont limitées par des impératifs de « pureté » ; tout contact, que ce soit même sous la forme de cadeaux ou d'offres d'aliments, rend impur le membre de la caste la plus élevée, car il s'est rendu coupable de la violation du *dharma*, la loi de l'univers qui détermine la loi religieuse et morale selon la caste. Il ne pourra laver sa faute que par des rites purificateurs ; dans les cas les plus graves, l'exclusion de sa caste pourra même être prononcée.

Gandhi avait donné le premier l'exemple en luttant pour l'émancipation des Intouchables qu'il avait baptisés du nom d'*harijan* (fils de Dieu) et en adoptant une enfant de réprouvés. Mais leur condition est demeurée inchangée dans les villages qui, généralement, sont séparés en deux quartiers, l'un réservé aux hindous membres d'une caste, l'autre aux hors-castes.

Les *harijan* font l'objet d'un programme d'aide spéciale du gouvernement. Beaucoup d'intouchables se convertissent pour fuir la fatalité ; musulmans, bouddhistes, sikhs, jaïns, catholiques,... refusent l'existence d'un tel ordre.

L'INDE AU RYTHME DU TEMPS

L'histoire du continent indien débute à la *période protohistorique* (env. 2500 av. J.C.) avec la civilisation « de l'Indus » *(Mohendjo Daro, Harappa)*, qui présente des rapports certains avec celle de la Mésopotamie.

Entre 1500 et 1200 av. J.C. des peuplades indo-européennes *(les Aryas)* après un long séjour dans les territoires iraniens, envahissent la plaine indo-gangétique en passant par les cols du nord-ouest. Ils dotent l'Inde de la *langue sanskrite* et de la littérature des *Veda*, savoir, base de toute l'évolution postérieure de la culture indienne. Pour se différencier des populations indigènes, ils établissent le système des *castes*.

Entre 1000 et 500 av. J.C. ces populations se sédentarisent. Le védisme se transforme en brahmanisme et donne naissance à la civilisation indienne proprement dite. Les grands mythes et les épopées de l'hindouisme se constituent à cette époque.

Vers 500. Deux réformateurs religieux le *Bouddha* et *Mahavira* créent respectivement le Bouddhisme et le Jaïnisme.

327-326 av. J.C. Alexandre le Grand et ses armées pénètrent en Inde jusqu'à l'Indus. Après la mort du conquérant, ses généraux fondent des *royaumes indo-grecs* dans le Nord-Ouest.

322 av. J.C. *Chandra Gupta* fondateur de la *dynastie Maurya* établit le premier empire « historique » de l'Inde avec sa capitale *Pataliputra (Patna)*.

268-232 av. J.C. règne du plus célèbre des monarques de la dynastie : l'empereur *Açoka*, protecteur du bouddhisme.

2e s. av. J.C.-5e s. ap. J.C. L'empire Maurya est morcelé. Des envahisseurs s'établissent dans l'Inde du Nord-Ouest : *Bactriens* (indo-grecs), *Saka, Parthes, Koushâna, Hephtalites (huns blancs)*.

1er/2e s. ap. J.C. Les Koushans, principalement sous le règne de l'empereur *Kanishka*, également un grand protecteur du bouddhisme, établissent un puissant empire dans le nord de l'Inde.

320-470 ap. J.C. *La dynastie Gupta*, seconde dynastie nationale et impériale de l'Inde, donne une telle impulsion à toutes les formes de la culture indienne qu'elle se prolongera longtemps après la destruction de la dynastie par les *huns hephtalites*. L'époque Gupta peut être considérée comme un « âge d'or » de la civilisation de l'Inde. De **606-647**, l'unité indienne est rétablie encore une fois par l'empereur *Harsha* (à l'Est d'Agra). Son règne fut suivi d'un nouveau morcellement qui durera presque un millénaire.

A l'époque du règne d'Harsha, le moine et pèlerin chinois *Huan-tsang*, après avoir parcouru l'Asie centrale, visita les lieux saints du bouddhisme **(629-643)**. Le récit de son périple est une inépuisable source d'informations pour tout ce qui concerne l'Inde de ce temps.

600-1600. Ces siècles correspondent à *l'époque médiévale* en Inde.

Au cours de cette longue période, l'Inde orientale et méridionale évoluent séparément du Nord et de l'Ouest du pays. Sur l'emplacement de l'actuel Oriya, le long de la côte de Coromandel, au Sud de la Kistna, s'épanouissent divers petits royaumes dont l'importance culturelle est loin d'être négligeable.

La région du Sud-Est voit se développer du Ier au IVe siècle un royaume prospère, celui des *Andhra*, dans ces mêmes régions, la puissance des *Pallava* s'établit du VIe au VIIIe siècle. Ils embellirent leur capitale *Conjeeveram* de nombreux monuments religieux et participent à la diffusion de la culture indienne vers le Sud-Est asiatique et l'Indonésie à partir du port de *Mahabalipuram*.

Les *Chalukyas* du Dekkan (capitale *Vatapi* ou *Badami*) luttèrent avec des fortunes diverses contre les Pallava (VIe-VIIIe s.) jusqu'au moment où ils furent eux-mêmes battus en 753 par les *Rashtrakuta*. Les *Chola* (Xe-XIVe s. capitale : *Tanjore*) réussirent à leur tour avec l'aide des *Pandya* (de Madurai) à vaincre la dynastie affaiblie des Pallava. Ils parviennent à établir un puissant royaume dont le centre se trouvait dans l'actuel Etat de Madras.

Leur déclin suit l'ascension de la *dynastie de Vijayanagar* (XIVe-XVIIe s.). Ces souverains règnent sur l'Inde méridionale à partir de leur capitale qui portait le même nom que la dynastie (l'actuel *Hampi*). En 1565 ce royaume tombe sous les coups conjoints d'une alliance de princes musulmans. En Inde du nord, la conquête musulmane s'effectua lentement et par vagues successives, au cours d'interminables guerres entre princes hindous et musulmans.

712. Des conquérants musulmans s'installent dans le *Sindh* à l'embouchure de l'Indus, et à *Multan*.

1001-1026. *Mohammed Ghazni* dévaste l'Inde du nord au cours de plusieurs campagnes. Un premier sultanat est fondé vers l'an 1000 à Lahore.

1192. Le prince Afghan *Mohammed Ghori* vainc *Prithviraj* près de Thanésar et s'installe à Delhi l'année suivante.

1206. *Qutb-ud-Din* fonde le premier « sultanat de Delhi » et réussit à réunir la vallée du Gange à celle de l'Indus.

1221. Le conquérant mongol *Gengis Khan* envahit l'Inde septentrionale.

1398. *Tamerlan* occupe Delhi et y installe les *Sayyides.*

1498. *Vasco de Gama* atteint l'Inde en passant par le *cap de Bonne Espérance.* Missionnaires, soldats et marchands portugais s'installent sur la côte Ouest.

1526. Un descendant de Tamerlan, *Babur* envahit l'Inde à la tête d'une armée de 12 000 soldats. Il bat à *Panipat, Ibrahim Lodi,* et fonde l'empire Moghol de l'Inde.

1555-1605. Petit-fils de *Babur* et fils d'*Houmayoun, Akbar le Grand* consolide les conquêtes de son aïeul. Il ajoute à sa couronne le Gujarat, le Rajputana, et le Cachemire. Après avoir écarté tous ses adversaires de l'intérieur, il règne sur un empire qui s'étendait de l'Afghanistan actuel jusqu'à la Birmanie et de l'Himalaya jusqu'au nord de Bombay. Quoique musulman lui-même, Akbar fit preuve de tolérance envers les princes hindous. Il fonda une « religion » syncrétique qui ne devait pas lui survivre. A ses yeux, elle devait permettre à tous les habitants de l'empire, hindous et musulmans de cohabiter pacifiquement.

1605. Le successeur d'Akbar, *Jehangir,* conclut avec l'Angleterre un accord commercial (1619), il épousa *Nourjahan* sous l'impulsion de laquelle des influences politiques et culturelles perses pénétrèrent en Inde.

1628-58. Le règne de *Shahjahan* correspond à un des sommets de l'époque moghole en Inde. L'empereur, grand bâtisseur, fait élever des monuments somptueux *(Taj Mahal à Agra).* De son palais de Delhi où se trouve le *trône aux paons,* il règne sur les provinces à la tête desquelles il a placé ses fils : *Dara Shiko* gouverne le Punjab, *Shoula* le Bengale et l'Orissa, *Maurad Baksh* le Gujarat, et *Aurangzeb* le Dekkan.

1658-1707. Des luttes sanglantes précèdent la prise du pouvoir par *Aurangzeb ;* musulman sunnite fanatique, il persécute et combat les hindous et les sikhs. Dans le Nord-Ouest, il est en guerre avec les Afghans, sur le territoire de l'actuel Maharashtra ; les clans Marathes de confession hindoue s'unissent sous la conduite de *Shivaji* (1627-80) pour combattre la tyranie musulmane. En 1674 *Shivaji* se fait couronner à Raigarh roi des marathes. L'Inde contemporaine en a fait un héros national. En affaiblissant le pouvoir moghol il facilite les premiers efforts de la pénétration

L'empereur Shahjahan

britannique. La Compagnie des Indes Orientales fondée en 1600, s'était installée dès 1639 à Madras, en 1661 à Bombay, en 1698 à Calcutta.

1734. L'empereur perse *Nadir Shah* prend Delhi et ramène dans son pays le fameux *trône aux paons.*

1757. Les Anglais remportent une première grande victoire à *Plassey.* Robert Clive, au service de l'East India Company, y bat *Siraj-ud-Daula* et ses alliés français, établis en Inde depuis.

Les Anglais s'installent au Bengale.

1760. La bataille de *Wandiwash* sonne le glas des prétentions françaises en Inde. La France ne garde que les comptoirs de *Pondicherry, Karikal, Mahé,* et *Yanaon.*

Le sac de Delhi par Nadir Shah annonce le déclin de l'empire moghol. Parallèlement, nous assistons à l'ascension des royaumes Marathes sous l'égide de princes hindous, tels *Holkar* et *Sindia* et grâce à l'action de leurs vizirs (peshwas).

Sur le territoire de l'Afghanistan et du Pakistan actuels, s'établit un nouveau royaume, celui *d'Ahmed Shah Abdali* (Durani) qui se fait remarquer par son agressivité.

1761. Sous la pression des Marathes, qui envisagent de conquérir Delhi, les souverains moghols ne règnent plus que nominalement. Ceci incite *Ahmed Shah Durani* à attaquer et à anéantir l'armée Marathe au cours de la fameuse bataille de *Panipat,* au Nord de Delhi. Les Marathes perdirent une grande partie de leur territoire et leur désunion accentua encore leur faiblesse.

La Compagnie britannique des Indes Orientales, sous l'impulsion de Robert Clive, de Warren Hastings et d'autres, utilisa cet état de fait pour démanteler ces principautés à son profit. Elle négocia une alliance avec le chef des sikhs *Ranjit*

Singh (1809) et mena plusieurs campagnes militaires contre *Haidar Ali* et *Tipu sultan* souverains du Mysore (1799), contre les princes *Marathes* (1818), les *Rohillas* (1773-74), les *Gourkhas* (1814-16). Vers 1820, l'ensemble de l'Inde est contrôlé par la Compagnie britannique des Indes Orientales.

Les campagnes menées au cours du XIXe siècle contre les Sikhs, les Afridis, et les Afghans ont plutôt le caractère d'expéditions militaires que de guerres entre puissances rivales, elles consacrent l'établissement de la domination britannique en Inde.

1833. L'enseignement de l'anglais est établi en Inde.

1857. Le soulèvement des Cipayes, sous la conduite de Nana Saheb, est écrasé par les Britanniques avec l'aide de princes loyaux à la couronne.

1858. L'administration de l'Inde est dorénavant assumée par les autorités de la couronne qui remplace la Compagnie des Indes Orientales. Après avoir emprisonné le dernier Grand Moghol, les Anglais se considèrent comme les détenteurs légitimes de la couronne impériale.

1885. Fondation du *Congrès National de l'Inde* qui va œuvrer pour libérer le pays de la domination étrangère.

1911. Le roi George V est couronné empereur des Indes, *New Delhi* remplace Calcutta comme capitale.

1920. Le *Mahatma Gandhi* fonde le mouvement de la *résistance non violente* et demande à ses compatriotes de ne plus collaborer avec les Anglais.

1939-45. Durant la seconde guerre mondiale *Gandhi* et *Nehru* préconisent une stricte neutralité de l'Inde. *Subhas Chandra Bose* collabore avec les Japonais dans l'espoir de chasser les Britanniques de l'Inde.

1947. L'Empire britannique des Indes se divise en plusieurs états indépendants dont l'*Inde* et le *Pakistan*. Les deux nations restent cependant membres du British Commonwealth.

1948. Le Mahatma Gandhi est assassiné par un hindou fanatique.

1950. Le 26 janvier, l'Inde devient une république et se donne une nouvelle constitution. Sous la direction du premier ministre *Nehru,* l'Inde pratique une politique de neutralité et refuse d'adhérer à un des deux grands blocs mondiaux. Nehru devient un des grands « leaders » du tiers monde.

1962. La Chine réclame à l'Inde des territoires situés dans le Nord-Est du pays et occupe une zone frontalière.

1964. Après la mort de *Nehru,* les fonctions de premier ministre reviennent à *Bahadur Shastri.*

1965-66. Les différends entre l'Inde et le Pakistan concernant *Jammu* et le *Cachemire* provoquent une guerre qui se termine par un accord à la conférence de Tachkent.

1970. Le parti du congrès se sépare en deux fractions rivales. Celle dirigée par Madame *Indira Gandhi* remporte une victoire électorale éclatante. Indira Gandhi devient premier ministre.

1971. De graves troubles éclatent au Pakistan oriental et sont sévèrement réprimés par l'armée pakistanaise, des millions de réfugiés affluent en Inde. Une nouvelle crise éclate entre l'Inde et le Pakistan. Les hostilités débutent vers la fin de l'année et se terminent par une victoire de l'Inde. Le Pakistan oriental devient un Etat indépendant sous le nom de *Bangla Desh.*

1873. Le nouveau gouvernement pakistanais essaie de normaliser ses relations avec l'Inde sans toutefois arriver à résoudre le problème du Jammu et Cachemire.

1974. (16-5) Explosion de la première bombe atomique indienne.

1975. Madame Indira Gandhi décrète l'état d'urgence et met le parlement en vacance. Le royaume du *Sikkim* dans l'Himalaya est annexé par l'Inde.

1977. Le parti de Madame Gandhi perd les élections et c'est Monsieur Moranji Desai qui devient Premier ministre. Toutefois, en novembre **1978,** Madame Gandhi obtient à nouveau un siège à la Chambre basse du Parlement.

1980. Nouvelle victoire de Mme Gandhi, qui redevient Premier ministre.

1984. Les révoltes Sikh au Pendjab sont réprimées. *Octobre,* Mme Gandhi est assassinée, son fils Rajiv lui succède.

1986. Graves émeutes entre Hindous et Musulmans à Ahmedabad (Gujarat) et à Delhi. Lutte contre la corruption. Tentative d'assassinat de Rajiv Gandhi, par un sikh, lors d'une cérémonie d'anniversaire de la naissance du Mahatma Gandhi. « Année de l'Inde » en France.

1987. Élection du président de la République, M. Ramaswami Venkataraman, avec plus de 72 % des voix. Accord avec Sri Lanka pour mettre fin à quatre ans de guérilla tamoule.

1988. Aggravation du terrorisme, au Penjab, suite à l'expulsion des séparatistes sikhs du « temple d'or » d'Arimtsar par les troupes indiennes. Rajiv Gandhi renoue avec la Chine et le Pakistan, pour une amélioration des relations entre ces deux pays.

1989. « Année de la France », en Inde, avec la représentation du Mahabarata, mis en scène par Peter Brook.

Tableau chronologique comparé du monde indien

Dates	Histoire de l'Inde	Styles ou dynasties	Création artistique et littéraire Mouvements religieux	Proche-Orient/Occident
– 3000		Civilisation de l'Indus.	Début de l'urbanisme (Mohenjo-daro). Figurines de terre cuite (déesses-mères). Sceaux en stéatite (animaux indiens).	Néolithique. Agriculture en Europe. Domestication des animaux.
– 1500 à – 1000	Arrivée de tribus indo-européennes. Constance des rapports entre l'Inde et l'Asie occidentale.	Arya.	Livres sacrés (Veda). Transmission orale des mythes.	Égypte : Ramsès II (1290-1224). Grèce : civilisation de Mycènes.
– 1000 à – 800	Diffusion des Indo-Européens dans la vallée du Gange.	Culte védique.	Commentaires sur les Veda (Brahmana).	Étrusques en Italie (– 900). Fondation de Carthage (– 814).
– 800 à – 500	Naissance du Bouddha (– 558). Conquête du bassin de l'Indus par Darius (– 518). Bimbisara, roi de Magadha (– 544/ – 493).	Royaume de Magadha.	Constitution des dogmes de la pensée indienne. Début du système des castes.	Les Scythes en Russie méridionale (– 600).
– 500 à – 300	Alexandre le Grand en Inde (– 327).	Dynastie des Maurya (– 322/ – 196).	Derniers livres védiques. Premiers conciles bouddhiques.	Périclès/Hérodote. Prise de Rome par les Gaulois.
– 300 à – 100	Dynastie Maurya. Règne d'Ashoka (– 273/ – 231). Antiochos III atteint l'Indus. Dynastie des Andhra, au Deccan (– 70/ + 200)	Bharut et Sanchi.	Création de « stupa » (Bharut, Sanchi). Sanctuaires rupestres d'Ajanta. Reliefs bouddhiques : vies antérieures du Bouddha.	Conquête de la Cisalpine par les Romains (– 201/ – 176).
– 100 à notre ère	Les Scythes (Shaka) envahissent le nord et le nord-ouest de l'Inde	Dynastie des Shaka.	Roi Milinda (Ménandre). Premières excavations des grottes bouddh.	Gaule gallo-romaine. Dictature de Sylla à Rome.

Dates	Histoire de l'Inde	Styles ou dynasties	Création artistique et littéraire Mouvements religieux	Proche-Orient/Occident
De 0 à 200	Arrivée des Kushana dans le nord-ouest de l'Inde, ils adoptent le Bouddhisme. Kanishka, empereur Kushana fait figurer sur ses monnaies l'image du Bouddha.	N.O., Gandhara. Nord, Mathura. Sud, Amaravati.	Création de l'image du Bouddha. Apport de l'art hellénistique de l'Orient romain. Art de Mathura (grès rose). Sanctuaires rupestres (Karli, Nasik, Kanheri) ; art de Amaravati (marbre blanc).	La Grèce devient province romaine. Guerres puniques. Destruction de Pompéi.
De 200 à 500	Hégémonie des Pallava dans le sud à la fin du IIIe siècle. Empire Gupta (vers 320). Puissance des Pallava (350). Invasion des Huns hephtalites (vers 460).	Gupta.	Propagation du Bouddhisme et du Brahmanisme en Asie du Sud-Est. Idéalisation de l'image du Bouddha.	Invasion d'Attila (451). Clovis Ier (446-511). Fin de l'Empire romain.
De 500 à 700	Dynastie des Chalukya (ouest du Deccan). Effritement de l'Empire Gupta (550). Invasion des Arabes dans le Sind (712).	Post-Gupta.	Premiers temples construits à Sanchi, Aihole, Pattadakal. Invasion du système décimal. Fin des excavations à Ajanta (vers 650). Popularisation du culte de Krishna.	Conquête des Arabes en Égypte, en Espagne (entre 640 et 712).
De 700 à 900	Fondation du royaume des Pala, au Bengale et au Bihar. Empire maritime des Chila (850-1267).	Art Pala au Bengale. Art Chola au Karnate.	Les Parsi en Inde (vers 740). Art de Badami, Ellora, Elephanta. Cultes de Shiva au Cachemire (vers 800). Voyage d'Al Biruni en Inde (973-1048).	Charlemagne (768-814). Invasions des Vikings. Kiev, capitale de la Russie. Les Carolingiens.
De 900 à 1200	Conquête du nord de l'Inde par Mamhoud de Ghazni (997-1030). Fondation de Delhi (990). Dynastie des Sena au Bengale (1142).	Art Hoysala au Mysore.	Temple de Tanjore. Disparition du Bouddhisme en Inde.	Première croisade (1096-1099). Les Capétiens.

Dates	Histoire de l'Inde	Styles ou dynasties	Création artistique et littéraire Mouvements religieux	Proche-Orient/Occident
De 1200 à 1500	Dynastie turque à Delhi (1206). Dynasties musulmanes au Cachemire. Tamerlan s'empare de Delhi (1399). Arrivée des Portugais (Vasco de Gama).	Pandya (au Karnate). Style dravidien du sud.	Temple du Soleil à Konarak. Visite de Marco Polo en Inde (1288 et 1293). Ibn Battuta visite l'Inde (1350).	Saint Louis (1226-1270). Jeanne d'Arc à Orléans (1429). Chute de Grenade et découverte de la route américaine.
De 1500 à 1700	Dynastie des Moghols (dès 1526). Règne de Akbar (1556-1605). Destruction de Vijayanagar par les musulmans en 1565.	Moghol.	Épanouissement des arts indo-musulmans. Fondation de Fathepur Sikri (1571). Construction du Taj Mahal à Agra (1632).	Henri IV (1589-1610). Louis XIV (1643-1715). Les Romanov en Russie (1613).
De 1700 à 1900	Les Britanniques fondent Calcutta (1690). Mort d'Aurangzeb, dernier des grands Moghols en 1707. Première révolte des Sikhs (1710). Indépendance du Bengale (1740). Révolte des Cipayes (1857), les Britanniques prennent Delhi et Agra.	Styles indo-musulmans et victoriens.	Premier journal, en bengali (1818). Premier chemin de fer et télégraphe. Universités à Calcutta, Madras, Bombay.	Révolution française. Victoria, reine d'Angleterre (1837-1901). Entente cordiale (1904).

LE JARDIN NOCTURNE DES GRANDS RÊVES DE L'INDE

(André Malraux à propos de l'art sacré indien)

Généralités

Si la subtile pensée indienne exerce sur l'Occident une fascination profonde, l'art de l'Inde demeure plus méconnu pour plusieurs raisons : d'abord, parce que l'œuvre d'art est avant tout de caractère religieux, le sacré n'est pas toujours perceptible à l'œil occidental ; ensuite, les grands sites archéologiques ont tous été découverts à la fin du XIXe et au début du XXe siècle ; enfin, pendant longtemps, l'art de l'Inde n'a été représenté que par un artisanat de visages grimaçants à de multiples bras ; les expositions internationales de ces trente dernières années nous ont appris que ce pays possédait une des plus belles productions artistiques de tous les temps.

Si l'on fait abstraction des découvertes concernant la civilisation de *l'Indus* (sceaux plats et cylindriques, figurines anthropomorphes et animalières en terre cuite ou en bronze, céramiques), rien ne semble s'être produit en Inde dans le domaine artistique avant le IIIe siècle av. J.C.

Les grandes époques de l'art de l'Inde sont en quelque sorte contemporaines des grandes périodes de son histoire. Le style ancien débute avec le règne du plus célèbre monarque de la dynastie *Maurya,* l'empereur *Açoka* et se poursuit sous les dynasties suivantes. Au cours des premières siècles de notre ère, s'épanouissent en Inde septentrionale l'art du *Gandhara* et de *Mathoura* alors qu'en Inde du Sud, naît l'école *d'Amaravati.*

L'époque impériale des *Gupta* correspond à un des sommets de la création artistique, elle est suivie par l'époque *médiévale* avec ses différentes manifestations en inde centrale et méridionale.

La période indo-islamique est illustrée par l'art *Moghol* et l'occupation britannique a laissé son empreinte dans le style *colonial anglo-indien.*

S'il semble aujourd'hui certain, qu'à ses débuts, l'art de l'Inde a subi des influences étrangères venues de l'Ouest, comme celles de la Perse Achéménide et celles du monde hellenisé (Gandhara), il n'en reste pas moins vrai que le génie indien n'a cessé dès lors de se manifester sous de multiples formes profondément originales. Elles-mêmes sont à l'origine de l'art de nombreux autres peuples asiatiques. Il faut attendre la conquête islamique pour que de nouveaux apports étrangers se fassent sentir (Perse, Asie centrale) dans l'architecture et l'art des miniaturistes de l'époque moghole. De même, l'architecture européenne a profondément influencé l'urbanisme contemporain *(Baker, Lutyens, Le Corbusier).*

L'art ancien de l'Inde

Entre 1500 et 1200 av. J.C. les tribus indo-européennes s'installèrent dans la plaine indo-gangétique, mais ce n'est qu'à partir du IIIe siècle av. J.C. qu'il semble y avoir quelques manifestations artistiques qu'on puisse leur imputer (figurines de déesses-mères en terre-cuite). A l'époque d'Açoka (268-232 av. J.C.) les monuments en matériaux robustes sont encore rares : *stambhas* (hautes colonnes isolées en pierre munies d'inscriptions et surmontées de chapiteaux figurant des animaux). En architecture, ce sont soit des *stupas,* monuments funéraires formés d'un dôme hémisphérique en maçonnerie pleine, entourés d'une balustrade, soit des sanctuaires et des monastères taillés dans le roc à l'imitation de l'architecture en bois : *chaityas* (chapelles), *viharas* (salles d'habitation et de réunion pour les moines).

A l'époque suivante (IIe-Ier siècle av. J.C.) avec les stupas de *Bhârhout* et *Sanchi,* le bas-relief et la sculpture en ronde-bosse marquent de grands progrès. L'iconographie bouddhique apparaît, mais le personnage du Bouddha n'est encore que suggéré par des symboles. De grandes sculptures représentent des *Yaksha* (divinités symbolisant les forces naturelles). Sur les monuments bouddhiques, on commence à représenter en bas-reliefs des scènes de *Jataka* illustrant des légendes qui racontent des épisodes des vies antérieures du Bouddha.

La période pré-classique

Du Ier s. av. J.C. au IVe s., l'implantation du puissant empire des *Koushans* détermine l'éclosion de deux grandes écoles ; au Nord-Ouest, celle du *Gandhâra* (sur le territoire de l'actuel Pakistan), de style hellenistico-bouddhique, dans la plaine gangétique, celle de *Mathoura* plus spécifiquement indienne, illustrée par des œuvres sculptées dans le grès rougeâtre de la région.

Au Sud-Est s'épanouit vers la même époque sous la dynastie des Andhra, l'école *d'Amaravati,* employant un calcaire marmoréen ; elle est caractérisée par de belles compositions et par la beauté des attitudes des personnages féminins gracieusement pliés en trois dans la pose du *Tribhanga.* On notera dans ces trois écoles l'apparition du type iconographique du Bouddha, revêtu du manteau monastique. Les sculpteurs indiens se plaisent aussi à mêler les scènes religieuses aux représentations profanes et même érotiques. L'exubérance et la joie de vivre des artistes se manifestent dans les gracieuses figures de nymphes célestes *(apsaras)* et d'amantes des dieux *(surasundari)* « belle des belles », ou de musiciens des sphères célestes *(gandharva).* Les couples amoureux *(mithouna)* ornent les piliers et les murs, les chapiteaux et les plafonds des lieux de culte. Ces images ne sont nullement choquantes pour l'œil indien, pour qui le concept de dualité entre l'esprit et la matière est chose étrangère.

Les sanctuaires rupestres *d'Ajanta* reflètent dans leurs peintures murales l'évolution du bouddhisme jusqu'à sa phase finale en Inde vers le VII-VIIIe siècle. D'abord inspirée par le *Hinayana* « petit véhicule » puis par les doctrines du *Mahayana* « grand véhicule de sagesse », les peintres s'ingénient à représenter le cosmos bouddhique : Bouddha du passé, du présent et du futur voisinent avec des divinités suprêmement compatissantes, les *Bodhisattva,* qui sont les intermédiaires entre le monde des hommes et les Bouddha inaccessibles, et avec la multitude des êtres célestes et démoniaques peuplant l'univers.

La période classique

Le style *Gupta* (IV-VIIe s.) représente l'aboutissement de l'évolution artistique antérieure, une halte dans le classicisme. *L'art brahmanique,* timidement apparu vers le Ier-IIe s., devient un rival de l'art bouddhique et de celui des jaïns, mais participe à la même esthétique. La simplicité monacale des statues de Bouddha contraste avec la somptuosité des costumes princiers des figures de Bodhisattva et les parures des divinités brahmaniques. Le bas-relief montre un sens plus juste de la composition. La peinture murale suit la même évolution et atteint son apogée avec les fresques bouddhiques des temples-grottes d'*Ajanta.* L'iconographie hindoue s'épanouit pareillement avec des statues de dieux accompagnés ou non par leurs épouses *(shakti)* ou représentées par leurs symboles *(lingam* pour *Çiva, yoni,* pour *Parvati).* Ces dieux supplantent les anciens dieux de la mythologie védique *(Indra, Sourya, Agni),* ainsi que les divinités symbolisant les forces de la nature comme les *yaksha* et leur contrepartie femelle les *yakshini,* et les dieux-serpents *naga* et *nagini.* Tous sont dominés par les couples divins en particulier celui que forment *Çiva* et son épouse *Uma/Parvati* et la grande triade cosmique des dieux *Brahma-Vishnou-Çiva.*

L'architecture hindoue se développe à partir d'une simple *cella* (garbha griha = « matrice ») contenant l'image de culte. Un couloir pourtournant permettait la circombulation rituelle *(pradakshina).* Par la suite, on construisit sous la *cella* une terrasse ou plate-forme et on la surmonta d'une superstructure élevée symbolisant la montagne cosmique *Méru.*

La période post-classique

A l'époque médiévale les temples prennent une extension considérable, au Nord les superstructures sont curvilignes *(çikhara :* temples de Bhubaneshwar, de Khajurâho), et sont surmontés d'un élément architectural décoratif : *amalaka* ou *kalacha.*

En Inde méridionale, la superstructure pyramidale du sanctuaire *(vimana)* est généralement couverte en coupole (temple de Tanjore, etc.). L'une comme l'autre sont élevées par le procédé de l'encorbellement. De nombreuses constructions annexes complètent l'aire sacrée, vestibules *(mandapa),* salles d'audience *(jagmohana),* salles de danse *(nata mandapa),* salles d'offrandes *(bhoga mandapa)* et forment des ensembles très spectaculaires entourés d'enceintes coupées de hautes portes *(gopuram),* à *Kanchîpouram, Madurai,* etc.

La sculpture fait désormais partie intégrante de l'architecture religieuse, les œuvres les plus remarquables sont sculptées dans la pierre et ornent le plus souvent les parois des temples.

L'art bouddhique se hiératise et survit dans le Nord-Est (style *Pâla-Séna* du Bengale VIIIe-XIIe s.) en particulier dans les bronzes de *Nalanda,* marqués d'une certaine préciosité et qui influenceront fortement par la suite l'art du Népal et du Tibet.

L'art *dravidien* du Sud se distingue par ses images de bronze illustrant le panthéon hindou (art *Chola,* X^{e}/XIIe s.).

L'Inde musulmane

La propagation de l'Islam à partir du Xe siècle, et plus tard, la domination *Moghole* introduisent en Inde des formes propres à l'art de la Perse et de l'Asie centrale. Le style *Moghol* atteint son apogée au XVIIe siècle. *Agra, Delhi* et *Fatehpour-Sikri* servent de modèles à de nombreuses cours princières. Mais c'est surtout la peinture de manuscrits et de feuilles d'album *(miniature indienne)* qui va

L'essentiel des mots courants dans l'art de l'Inde

Anda : partie hémisphérique d'un *stupa* (signifie « œuf »).

Antarala : dans un temple, passage entre le sanctuaire et le *mandapa.* Prend aussi le nom de *ardha-mandapa.*

Chaitya : sorte de « chapelle » pouvant contenir un *stupa.*

Chhatri : petit kiosque (ou pavillon) surmonté d'un dôme.

Dargah : lieu de culte musulman consacré à un saint.

Darwasa : entrée monumentale (palais ou mosquée).

Darbar : audience publique donnée par les grands Moghols.

Divan I Am : salle des audiences publiques en art moghol.

Divan I Khas : salle des audiences privées en art moghol.

Dvarapala : gardiens des portes des sanctuaires, armés de lances ou de massues.

Ghat : berge d'une rivière ou d'un bassin, recouverte de marches, pour permettre au pèlerin d'accéder aux eaux. On y procède à l'incinération des morts.

Gopura : tour de forme trapézoïdale, surmontant la porte du temple dravidien (Inde du sud).

Harmika : espace carré, entouré d'une balustrade, placé au sommet de l'*anda.*

Kailasa : montagne mythique, séjour de Shiva. Sa forme pyramidale a inspiré la toiture des temples hindous.

Kirtimukha : masque grotesque.

Kudu : fenêtre ou baie en forme de « fer à cheval ».

Lalitasana : position *(âsana)* de relaxation, assise, avec une jambe repliée sous le corps, l'autre étant pendante.

Makara : monstre aquatique mythique, symbole de la puissance créatrice des éléments de l'eau.

Mandapa : pavillon formant un vestibule ou une dépendance, dans un sanctuaire.

Panchayatana : ensemble de cinq temples construits sur une même terrasse : un temple principal et quatre sanctuaires secondaires, à l'image des cinq sommets du Mt Méru.

Prakara : cour ouverte d'un temple ou d'un palais, entourée par une galerie à piliers.

Ratha : « chariot » souvent construit en bois, utilisé pour transporter les images des divinités, lors des grandes fêtes religieuses. Désigne également les rochers sculptés de Mahâballipuram (Tamilnâdu).

Shikhara : haute tour qui surmonte le sanctuaire principal du temple, à arêtes droites ou curvilignes.

Stupa : monument commémoratif du Bouddha ou d'un saint bouddhiste, de forme hémisphérique.

Tirtha : lieu de pélerinage sacré de baignade. On désigne ainsi les sept villes saintes des Hindous : Ayodhyâ, Mathurâ, Gayâ, Kâshî, Kanchîpuram, Avantikâ et Dvaravati.

Torana : porte ouvragée, à l'entrée d'un stupa ou d'un temple.

Tribangha : en statuaire, ligne sinueuse du corps avec trois flexions : la tête, le corps, les jambes.

Vedika : balustrade ou barrière entourant un *stupa.*

Vihara : monastère bouddhique ou salle de réunion.

Vimana : tour-sanctuaire de forme pyramidale surmontant le temple dravidien. Correspond au *shikhara* du temple du nord.

Yaksha : génies des forêts représentés aux entrées des sanctuaires bouddhiques, où ils tiennent lieu de gardiens. Les *Yakshini* sont des dévoreuses d'enfants.

Yantra : observatoire avec instruments monumentaux (Jaipur).

prendre une extension grandissante, notamment dans les provinces occidentales (Goujarât, Râjasthan). Toutefois, sous l'impulsion de la dynastie musulmane des Moghols, aux XVIe-XVIIIe s., se développe une production à la fois variée et très remarquable. Cette tradition se perpétuera au cours du siècle suivant sous l'égide des petites cours princières hindoues.

XVIIIe-XXe siècle

La période de la domination anglaise (1757-1947) est marquée par un changement complet de l'architecture en Inde. Les styles néo-gothique, perpendiculaire et néo-classique mélangés à des éléments pseudo-mauresques donnent naissance aux formes d'une architecture coloniale anglo-indienne, aussi dénommée style néo-moghol. Le *Victoria Memorial* de Calcutta et les bâtiments officiels de la Nouvelle-Delhi sont caractéristiques de ce style.

L'art de l'Inde est considéré à juste titre comme l'une des manifestations majeures de l'esprit humain dans le domaine de la création artistique. S'il est souvent caractérisé, surtout aux époques récentes par un goût du détail, de la couleur et de l'abondance des décors, il excelle dans la narration et ses manifestations ont souvent été gigantesques. Au-delà de l'exotisme, il a réussi à briser les portes closes de la sensibilité occidentale et les historiens de l'art contemporain ont fini par lui rendre la place qui lui revient dans l'histoire mondiale des arts.

Les artistes contemporains de l'Inde, entre le passé et le présent, continuent à chercher leur voie souvent à travers les traditions régionales populaires.

Les principaux musées de l'Inde (fermés le lundi sauf indications contraires)

New Delhi : Musée National (de 10 h à 17 h). Le plus important de toute l'Inde.
Bombay : Prince of Wales Museum (de 10 h à 18 h).
Calcutta : Indian Museum ; surtout pour la salle de Barhut (à droite du hall).
Madras: Government Museum (fermé le vendredi) ; pour la galerie de bronzes.
Mathura : Musée archéologique ; sculptures de l'école de Mathura, en grès rouge.
Bangalore : Government Museum (fermé le mercredi) ; instruments de musique.
Baroda : Baroda Museum (fermé le jeudi) ; sculptures brahmaniques.
Benares : A Sarnath, Musée aux nombreuses sculptures bouddhiques.
Hyderabad : Musée Salar Jang (fermé le vendredi) ; armes et miniatures.
Jaipur : Musée Albert Hall ; miniatures, tapis.
Jodhpur : Musée de la Forteresse ; vêtements, armes.
Khajurao : Musée archéologique (fermé le vendredi) ; sculptures en provenance des temples.
Lucknow: State Museum ou Musée de l'Uttar Pradesh.
Madurai : Gandhi Museum ; souvenirs personnels du Mahatma Gandhi.
Mysore : Art Gallery ; miniatures.
Nalanda : Musée avec sculptures bouddhiques provenant du site archéologique.
Patna : Patna Museum ; sculptures et peintures *(tangka)*.
Srinagar : Government Museum (fermé le dimanche) ; statues, châles du Cachemire.
Tanjore . Rajaraja Cholan Museum , splendide collection de bronzes.

L'Inde à travers les musées français (fermés le mardi)

Paris : Musée National des Arts Asiatiques (Guimet), 6, place d'Iéna, Paris XVIe.
Toulouse : Musée Georges Labit, 43, rue des Martyrs-de-la-Libération.

L'Inde dans les plus grands musées du monde

Grande-Bretagne : Londres, British Museum et Victoria and Albert Museum.
Allemagne : Berlin/Ouest, Musée Indien de Dalhem.
Etats-Unis : Boston (Museum of fine arts) ; New York (Metropolitan Museum) ; Los Angeles (L.A. Country Museum of Art) ; Philadelphie (Museum of Arts).
Suisse : Zurich (Musée Rietberg).
Canada : Toronto (Royal Ontario Museum).

PENSÉE, RELIGIONS ET CROYANCES

La signification et le rôle de l'hindouisme n'est compréhensible qu'à travers son histoire tri-millénaire. Les indo-iraniens, peuple de pasteurs-nomades apportèrent au cours de leur migration vers le milieu du 2e millénaire av. J.C., leur croyance animiste et la tradition orale de leurs textes sacrés. Le roi des dieux et la divinité des pluies, *Indra,* commettaient chaque année au printemps le meurtre de *Vritra* (hiver) et lâchaient les vaches divines. *Sourya,* le dieu solaire, poursuit dans son attelage traîné par des chevaux, *Ousha* (l'aurore), qui est son amante. *Agni,* le feu, fait jaillir les flammes du sacrifice, etc.

Après la sédentarisation de ces tribus d'autres dieux apparaissent aux côtés des forces naturelles déifiées, *Varouna* dieu des vents devient le protecteur de l'ordre et des contrats, avec *Mitra,* il est le « soleil de justice ».

Au cours des siècles l'assimilation des populations autochtones amène les envahisseurs à admettre dans leur panthéon d'anciens dieux locaux, comme *Roudra,* dieu des tempêtes qui deviendra plus tard Çiva, ou encore le dieu de lumière *Vichnou* et bien d'autres divinités.

La complication des rituels devient telle vers l'an 1000 av. J.C., qu'il devint indispensable pour la célébration des sacrifices de s'adresser à une caste spécialisée, qui seule, a le pouvoir de se faire entendre des dieux : les Brahmanes.

Ces *brahmanes* formeront donc la caste des prêtres et des détenteurs du savoir. Leur enseignement sera consigné dans les *Upanishades* (commentaires des Veda). En tant que « conclusion des Veda » les *Vedanta* sont censés être la transmission de la quintessence de la philosophie du savoir, mais ils sont surtout à la source d'une transformation des conceptions religieuses.

A la place de la multitude des divinités et de la doctrine de la réception de « l'âme » des justes défunts dans la communauté des dieux, apparaît la croyance de l'âme universelle *brahman* et au *samsara* (transmigration des âmes individuelles) qui est conditionnée par le poids des bonnes et des mauvaises actions de l'existence *karma.*

La hiérarchie sociale est ressentie comme voulue par les dieux : les *brahmanes* se veulent issus de la « bouche de Brahma » ; les *kshatriya* (caste des guerriers) sont nés de ses bras, les *vaishya* (agriculteurs, artisans et marchands) de ses côtes et les *shoudra* (ouvriers, serviteurs) de ses pieds.

Cette hiérarchie des castes correspond dans ces grandes lignes à la division de la population entre indo-iraniens à peau claire et autochtones à la complexion foncée, ces derniers formeront les « hors castes » (intouchables, parias) qui se situent en-dessous même des castes inférieures. La sclérose du « système brahmanique » est à l'origine de mouvements de réformes dont les instigateurs furent en même temps les fondateurs de deux grandes religions : le Bouddha (vers 500 av. J.C.) et Mahavira (né en 599 av. J.C.).

Le *Bouddha* enseigna la « délivrance par la victoire remportée sur soi-même » à l'aide des « huit nobles voies » (qui conduisent à la délivrance). L'école ancienne de sagesse *(Yogacara)* ou petit véhicule ne connaît pas de prêtres et nie l'existence d'un dieu suprême. Les castes n'y jouent aucun rôle.

La domination des passions, l'adoption du « juste chemin du milieu », de mœurs vertueuses, jointes à la force de l'esprit, sont les seuls critères de « salut ».

Mahavira est le fondateur du *jaïnisme.* Pour lui, seule une ascèse totale pouvait permettre d'échapper au cycle infernal des renaissances. Le *Nirvana* (l'extinction du moi) ne peut être atteint que par l'adoption de la vie monastique et un respect absolu de la vie de tous les êtres (hommes et animaux).

24 Tirthankaras (prophètes, éclaireurs de la doctrine) sont censés avoir précédé Mahavira dans des temps antérieurs.

Alors que le bouddhisme, à partir de l'époque *Açoka* et surtout celle de *Kanishka,* devait conquérir une grande partie de l'Asie, le jaïnisme resta confiné en Inde. Au cours des siècles, le bouddhisme se développera en plusieurs tendances. Le « petit véhicule » *(Hinayana)* enseigne que le salut ne peut être obtenu que de manière individuelle en suivant l'enseignement du Bouddha. Le « Grand véhicule » *(Mahayana),* par contre, transcende les limites du salut individuel et permet au fidèle de participer à l'œuvre de rédemption universelle à laquelle travaillent les divinités de miséricorde : les *Bodhisattva.* Dans le « véhicule de diamant » *(Vajrayana)* d'innombrables Bouddha et Bodhisattva, émanations d'un Bouddha suprême, sont les détenteurs d'un enseignement secret transmis de maître à disciple.

A partir du VIIe-VIIIe siècle ap. J.C., nous assistons à une « renaissance » du brahmanisme sous la forme rénovée de *l'hindouisme.*

Au VIe s. av. J.C. *Valmiki* est censé avoir rédigé en sanskrit littéraire la grande épopée du *Ramayana*. Au Ve s. ap. J.C. le poète *Kalidasa* amène cette langue à sa forme la plus parfaite. Vers la même époque sont compilés le *Mahabharata* et la *Bhagavat Gita*. Le *Ramayana* nous conte l'histoire du prince *Rama*, 7e incarnation du dieu *Vishnou*. Le *Mahabharata* est une épopée nationale où l'enseignement des brahmanes est exposé ; le héros *Krishna* y est divinisé sous la forme de la 8e incarnation de *Vishnou*.

Le panthéon hindou est dominé par une trinité divine composée de *Brahma* (le créateur). *Çiva* (le destructeur et rénovateur) et *Vishnou* (le conservateur). Chaque fois que le mal menace le monde, Vishnou apparaît sous une nouvelle incarnation *(avatara)* pour sauver l'humanité. Cette conception a permis d'intégrer dans le système, le Bouddha lui-même, qui devient ainsi la 9e incarnation de Vishnou. Par ce biais, l'hindouisme finit par absorber du moins en Inde, le mouvement bouddhiste.

La 10e incarnation est celle de Kalki le « sauveur » que certains mystiques indiens ont voulu confondre avec Moïse, le Christ ou même le prophète Mohammed.

Le Panthéon des dieux

L'Hindouisme apparaît en Inde, vers 1200 av. J.C., avec l'arrivée des Indo-européens (les Aryens), qui apportent leurs textes sacrés, les « védas » avec comme exegèse, les « brahmanas ». La religion hindoue est la dernière religion indo-européenne, relatant l'histoire des origines de la vie sur terre, avec 33 Dieux, dont trois se détachent : Brahma, Vishnou et Shiva.

Brahma représente la création de la terre, il possède quatre visages (les quatre directions) et quatre bras. Il est monté sur le cygne (*hamsa*) et est parfois accompagné de son épouse **Sarasvati**, déesse de la musique jouant la vina et chevauchant un paon. Un seul temple lui est dédié en Inde, celui de Pushkar.

Vishnou est le conservateur du monde, il repose statiquement sur l'océan cosmique, dans une attitude rigide. Il représente la mémoire de l'espace et du temps (à la fois l'*Ouranos* et le *chronos* grecs). Il tient la conque, coquillage sacré de l'océan Indien (*Ouranos*), symbole de la création du monde, d'une main ; et de l'autre main la roue du soleil symbolisant le temps (*chronos*).

Il est monté sur **Garuda**, mi aigle, mi humain (l'aigle étant, selon la légende, l'oiseau qui vole le plus près du soleil).

Il raconte la mémoire du temps, à travers dix métamorphoses ou « avatar » (descentes du Dieu sur Terre).

1) *Le poisson* (*Matsya-Avatâra*) ; origine de l'homme.
2) *La tortue* (*Kourma-Avatâra*) avec le barattage de la mer de lait pour conquérir l'ambroisie (*amrita*), liqueur de l'immortalité.
3) *Le sanglier* (*varâha avatâra*) représenté sous la forme d'un géant à tête de sanglier, portant dans ses bras la déesse Terre sauvée des eaux.
4) *Le lion* (*narahimsa*) « aux yeux rouges comme l'or bruni au feu », symbole de la royauté.
5) *L'homme nain* évoquant le grandissement de l'Homme.
6) *L'homme géant* : l'Homme passe du stade d'Homo faber à celui de l'Homo sapiens.
7) *Rama*, dont la légende constitue le sujet de l'épopée du *Ramayana*. Sita, épouse de Rama a été enlevée par le démon Ravana qui règne sur l'île de Lanka. Pour la délivrer, Rama demande l'appui de Hanuman, le Capitaine des Singes qui jette un pont de pierre entre l'Inde et Ceylan. Ravana est battu par Rama, Sita est délivrée...
8) *Krishna*, bouvier qui rend toutes les vachères amoureuses (Gopî), représenté comme dieu de l'amour, sous un visage peint en bleu sur beaucoup de miniatures.
9) *Le bouddha*, représentant d'un nouveau type de religion.
10) *Kalkin*, l'homme-cheval, annonceur de la fin d'un cycle cosmique.

Shiva représente le rapport de force entre l'Homme et la nature. Il possède un aspect prométhéen (à l'exemple de Zeus, Jupiter). Sous son aspect violent, ses cheveux toujours visibles, il est le Maître des grands *Yogis* ; sa monture est le taureau Nandin. Il peut être également calme, sous sa forme de protecteur de la connaissance des Arts ; on le représente alors comme Maître de la Danse. Son épouse est la grande Déesse **Parvati** qui lui donne deux fils : **Skanda**, monté sur le Paon, dieu de la Guerre et **Ganesh**, représenté sous la forme d'un éléphant monté sur son plus cruel ennemi le rat, dieu des actions propices (le plus populaire en Inde). **Indra**, est le dieu du ciel, dispensateur des pluies fécondantes.

Dès l'époque Gupta, les dieux Brahma, Vichnou et Çiva sont assistés par leurs épouses, les déesses *Sarasvati, Lakshmi* et *Parvati (Dourga, Kali)* ; elles sont les *shakti* des dieux, c'est-à-dire leur « grande force ». *Dourga,* dont il existe 9 incarnations, est confondue avec la déesse-mère des origines. Le *tantrisme* se sert de formules magiques et incantatoires pour obtenir la bienveillance des dieux, en particulier, la grâce de la « grande déesse » *(Dourga).*

Le culte de Tara propre au bouddhisme du « véhicule de diamant » *(vajrayana)* relève du même principe.

L'hindouisme se divise en deux grandes sectes, les *çivaites* et *vichnouites.* Les premiers sont souvent des adeptes du culte des *shakti,* les seconds honorent particulièrement *Rama* et *Krishna* et cherchent la délivrance dans l'amour divin *(bhakti),* la progéniture des dieux a droit également à la dévotion des fidèles. C'est ainsi que *Ganesha* le dieu à tête d'éléphant et *Karttikeya,* fils de *Parvati* et de *Çiva,* font l'objet d'une dévotion particulière.

A partir du Xe s. ap. J.C., l'Islam tente de convertir, souvent grâce à l'épée, les populations conquises. Sous *Akbar,* les musulmans se montrent plus tolérants. Au XVIe s. *Toulsidas* traduit en *hindi* les vers du Ramayana et le rend ainsi accessible au plus grand nombre. Akbar essaye aussi d'unifier l'hindouisme et l'islam sous la forme d'une nouvelle religion monothéiste, représentée sur terre par le *Pardishah,* en l'occurrence lui-même. Cette tentative de réforme aboutit à un échec et disparaît complètement à la mort de l'empereur (1605).

Vers 1500 le *gourou* (maître) *Nanak* tente de réformer l'hindouisme en combattant le système des castes ; ses adeptes les *sikhs* s'établissent au Punjab autour d'Amritsar, et réussissent à fonder un Etat indépendant. *Gourou Gowind* fait de la secte un ordre militaire (1675) qui combat la domination musulmane.

Les *sikhs* se distinguent du reste de la population par leur barbe épaisse et leur turban coloré. Quoique ne représentant que 2 % de la population, ils jouent un rôle important, tant dans l'armée que dans l'administration.

Au XIXe siècle, s'affirment un certain nombre de réformateurs sociaux et religieux dont les plus fameux sont *Ram Mohan Roy (Brahma Samaj), Dayanada (Arya Samaj), Ramakrishna, Vivekanada,* et d'autres.

La pensée religieuse hindoue prend ses racines dans le monde animiste et les cultes de fertilité des populations archaïques. Par la suite, de nombreuses formes de croyances coexisteront et se succéderont sans cesse. Elles permettront les expressions religieuses et philosophiques les plus diverses où le polythéisme, le monothéisme, le panthéisme et même l'athéisme trouveront leur place.

Glossaire religieux de l'Inde

Agni : Dieu du feu de la mythologie brâhmanique.

Ahimsa : non-violence et respect de toute créature vivante.

Amrita : nectar de la vie éternelle tiré du « barattage de la mer de lait ».

Ananta : serpent, symbole de l'éternité, reposant sur les eaux primordiales. Il supporte Vishnou couché lorsque ce dernier se repose entre deux créations du monde.

Apsara : nymphe céleste, compagne de plaisir des dieux.

Asana : posture yogique. Siège (fleur de lotus, fauteuil) d'une divinité.

Asura : démons, à l'aspect terrifiant.

Ashram : lieu isolé (montagne, forêt) où se retirent les ascètes pour méditer.

Avatar : descente d'une divinité sur terre, pour sauver l'humanité (ex. : avatars de Vishnou).

Bhagavad Gita : poème de 700 versets qui constitue le plus grand texte sacré de la littérature brâhmanique.

Bhakti : adoration entre le fidèle et la divinité.

Bodhisattva : nom donné par les bouddhistes à des personnages divins qui auraient renoncé à l'état de Bouddha pour aider les êtres à atteindre la *bodhi* (éveil).

Bouddhisme : philosophie née en Inde au VIe siècle avant notre ère, en réaction contre le Brâhmanisme, par Câkyamuni (le moine des Câkya) qualifié de Bouddha (l'Illuminé), celui qui a atteint la Bodhi (éveil spirituel). Le Bouddhisme rejette le système des castes et prêche une vie d'ascète afin de trouver le salut et sortir du carcan des réincarnations.

Brahmanisme : issue du Védisme, cette philosophie se base sur la notion de *brahman* (énergie universelle) ; elle est à l'origine des quatre castes. L'homme intervient dans l'ordre cosmique, par des actions bonnes ou mauvaises, et connaît après sa mort des re-naissances successives, suivant son comportement dans sa vie terrestre.

Christianisme : introduit en Inde du Sud par Saint Thomas, puis par les missionnaires portugais, il est pratiqué par 2 % de la population totale de l'Inde.

Devadasi : danseuse attachée au temple, consacrée au service de la divinité. N'existe plus depuis 1925.

Dharma : en sanskrit, désigne l'ordre de l'Univers. Désigne la loi sous tous ses aspects : religieux, social, etc.

Fakir : religieux musulman ayant fait vœu de pauvreté. Il visite inlassablement les lieux saints et les tombes des saints musulmans.

Guru : maître spirituel.

Hinayana : doctrine du Bouddhisme. Signifie « Petit Véhicule ». Ne reconnaît pas le Bouddha en tant que divinité mais comme Maître. Cette « doctrine des anciens » prend aussi le nom de « Theravada ».

Hindouisme : ensemble de concepts religieux non créés mais éternels, qui proposent à l'homme plusieurs voies de salut pour échapper au cycle de la transmigration des âmes (Samsara).

Islam : les musulmans envahissent la vallée de l'Indus, au VIIIe siècle, s'emparent du Penjab vers l'an mille, puis conquièrent toute la plaine gangétique. La culture hindoue se maintient au Deccan jusqu'au milieu du XVIe siècle, où la pénétration est plus lente. Les Moghols d'Asie Centrale envahissent toute l'Inde en 1565 et établissent au nord un puissant empire. 12 % de la population indienne pratique la religion islamique, surtout dans le nord.

Jainisme : religion hindoue fondée au VIe siècle avant notre ère, fondée par Mahâvîra (le « grand héros ») surnommé le Jina (« le vainqueur »). Dans son éthique, elle est semblable au Bouddhisme.

Judaïsme : les Juifs de Cochin seraient venus en Inde vers le Ier siècle de notre ère et appartiendraient à l'une des « dix tribus perdues d'Israël ».

Karma : somme des actes positifs accomplis durant les vies antérieures et la vie présente, qui conditionneront la transmigration de l'âme (metempsychose).

Lamaïsme : forme particulière du Bouddhisme dans les États himalayens (Ladakh, Zanskar, Sikkim).

Linga : pierre dressée, de forme phallique, représentant l'énergie mâle de Shiva. Complément de la *yoni,* pierre couchée, symbole du sexe féminin.

Mahayana : par opposition au *Hinayana,* c'est le « Grand Véhicule » du Bouddhisme, dont l'extension de la doctrine va jusqu'en Chine et au Japon, grâce à des entités religieuses telles les *bodhisattvas.*

Moksha : délivrance de l'âme, du cycle des réincarnations, grâce au « brahman » (état de conscience le plus élevé). Ceci correspond au *Nirvana* des bouddhistes.

Pârsî : communauté d'origine iranienne, de religion mazdéenne (zoroastrienne), chassée de Perse par les Arabes au VIIIe siècle et réfugiée en Inde. Les Pârsî (environ 100 000) vivent surtout à Bombay, vénèrent le feu et mettent leurs défunts dans les « tours du silence » pour les laisser dévorer par les vautours.

Pradakshina : rite consistant à faire le tour d'un monument religieux, dans le sens des aiguilles d'une montre. On l'accomplit à l'envers s'il s'agit de cérémonie funéraire.

Samsara : cycle infini des réincarnations qui régit la vie des humains. Pour le bouddhiste, le seul moyen d'échapper à cette fatalité est d'atteindre le *nirvana.*

Sikkhisme : secte religieuse fondée par Nânak en 1469, qui s'est surtout développée au Penjab et qui unit des préceptes hindous et musulmans. Les Sikhs réclament aujourd'hui une autonomie religieuse et territoriale (Penjab).

Soma : breuvage utilisé dans l'épopée védique pour les cérémonies et les sacrifices.

Surya : dieu du Soleil (représenté avec des bottes), d'origine aryenne (le temple de Konarak, en Orissa, lui est consacré).

Upanishad : textes sanskrits complémentaires des *veda,* traitant sur l'univers.

Veda : signifie « savoir ». Plus anciens textes de l'Inde, inspirés par les Divinités, apportés par les Indo-Européens vers 1200 avant notre ère. Quatre recueils constituent l'ensemble : *Rigveda, Yajurveda, Samaveda, Atharvaveda.*

Yoga : système philosophique qui consiste à libérer son esprit des liens matériels. C'est également un entraînement physique concernant une discipline du souffle, ainsi qu'une concentration et une méditation.

RENSEIGNEMENTS PRATIQUES

Epoque du voyage

La meilleure saison pour un séjour en Inde s'étend du mois de novembre au mois de mars. La période allant de juin à septembre, malgré les pluies qui rafraîchissent journellement l'atmosphère, est assez agréable. Au cours des mois d'avril et de mai, règne une chaleur torride et sèche, période précédant la mousson.

Le Sud-Est de l'Inde est arrosé par la mousson vers mi-novembre. Pour le Cachemire et le Ladakh, la meilleure période est de juin à septembre. Ces deux régions ne subissent pas l'influence de la mousson.

Comment aller en Inde ?

Par avion

Parmi les compagnies qui relient l'Inde au reste du monde, citons : *Air-India, Air-France, Swissair, Alitalia, Lufthansa, KLM, Sabena, Pan-Am,* etc. Une quinzaine de vols journaliers relient l'Europe à Bombay, Delhi, Calcutta et Madras.

Transport de l'aéroport vers la ville

Des taxis sont à la disposition des voyageurs ; à Bombay et à Delhi un service de bus est assuré par Air India. Pour les voyageurs qui auront réservé leur chambre dans un hôtel, une navette est généralement prévue.

Numéros de téléphone

Aéroport de Palam (Delhi) :
392 621 - 392 222.
Aéroport de Bombay :
577 369 - 535 461.

Réservations Air India à Delhi 3310225 ; à Bombay : 20214083.

Réservations Indian Airlines (lignes intérieures) à Delhi : 3310084 et 3310071.

Réservations Air-India à Delhi : 3310225. A Bombay : 20214083. Réservations Indian Airlines (lignes intérieures) à Delhi : 3310084 et 3310071.

Taxe d'aéroport

Au départ de l'Inde pour Ceylan, le Népal, les Maldives, la Birmanie, le Bengladesh, le Pakistan, une taxe d'aéroport de 50 roupies est exigée.

Pour les vols intercontinentaux, la taxe est de 100 roupies.

Par la route

A partir du Pakistan, le poste frontière de *Waga* entre Lahore et Amritsar donne accès à l'Inde. Pour entrer en Inde un visa est, dans ce cas là, absolument nécessaire.

Forfaits

En dehors des voyages d'affaires, on a souvent intérêt à utiliser les charters ou les forfaits des agences de voyages qui permettent de faire de substantielles économies sur le trajet et le séjour. Plusieurs agences de voyages offrent une grande variété d'itinéraires qui englobent à peu près tous les centres d'intérêt de l'Inde. Une brochure intitulée « Vacances en Inde » regroupe tous les voyages organisés. Elle est distribuée par l'Office du Tourisme Indien.

Tableau des températures maximales et minimales, des précipitations en mm et du taux hygrométrique en % (humidité de l'air).

	Janv.	Fév.	Mars	Avril	Mai	Juin	Juillet	Août	Sept.	Oct.	Nov.	Déc.
New Delhi												
Min.	6.2	9.5	14	19.8	26	28	27.2	25.8	24.2	17.4	11	7
Max.	21.4	23.8	29.4	35.9	40.5	39.1	35.2	33.9	43.2	33.6	28.4	23
mm	25	21	13	8	13	77	178	184	123	10	2	11
%	68	71	55	40	39	56	77	80	74	58	53	67
Calcutta												
Min.	12.6	15.2	20.5	24.2	25.3	25.9	25.9	25.8	25.6	23.2	17.6	12
Max.	26.5	28.7	33.6	36	35.4	33.5	31.9	31.7	32.2	31.8	29	26
mm	10	30	34	44	140	297	325	332	253	114	20	5
%	85	82	79	76	77	82	86	88	86	85	79	80
Madras												
Min.	19.4	20.2	22.4	25.6	27.6	27.2	26.2	25.6	25.1	23.9	22	20
Max.	29.6	31.2	33	35.3	38.4	37.6	35.8	34.9	34.3	32.2	29.6	29
mm	36	10	7	16	26	47	92	116	119	306	354	138
%	87	83	80	74	63	59	65	71	75	83	86	87

Pays voisins

Outre le passage par la route, à Waga, qui relie l'Inde au Pakistan, il existe également une liaison aérienne entre Karachi et Bombay, et entre Lahore et Delhi.

Male, capitale des îles Maldives est relié à Trivandrum (Sud de l'Inde) par une ligne aérienne.

Plusieurs vols par semaine relient Bombay à Colombo (Ceylan). D'autre part un service de ferries assure une rotation entre Dhanuskodi (Inde du Sud) et Talaimannar (Sri Lanka).

En plus du trajet par route, on peut atteindre le Népal à partir des aéroports de Delhi et de Calcutta.

Transports intérieurs

Avion

Indian Airlines dessert à peu près tous les centres touristiques de l'Inde et, de plus, les tarifs pratiqués sont parmi les plus bas du monde.

Les touristes étrangers ont la possibilité de souscrire un « *Air pass* », qui, pour une somme forfaitaire, permet de circuler librement et à sa guise sur le réseau d'*Indian Airlines*.

Chemin de fer

L'Inde possède l'un des systèmes ferroviaires les plus denses du monde. Il existe 3 classes sur les chemins de fer indiens : *la classe climatisée* qui équivaut plus ou moins aux wagons-lits en Europe ; *la 1re classe* qui correspond plus ou moins à la 2e classe en Europe ; *la 2e classe*.

Les tarifs des chemins de fer en Inde sont dégressifs, c'est-à-dire que plus la distance est importante moins la somme à acquitter est élevée.

Un billet forfaitaire de chemin de fer intitulé « Indrail Pass » permet de voyager librement en Inde.

Autobus et taxis

Les lignes d'autobus locales sont souvent irrégulières et presque toujours bondées. Elles sont toutefois meilleures dans les Etats du Sud, et les tarifs pratiqués correspondent à peu près à ceux de la 2e classe chemin de fer.

Toutefois les agences de voyage locales organisent dans des autocars de luxe des tours d'un ou de plusieurs jours à l'intention des touristes.

Les taxis coûtent environ 2 Rs pour un mile (1,6 km) (pourboires facultatifs). Il est recommandé de débattre le prix avant la course quand il s'agit de scooters-taxis. Les voitures-taxis sont équipées d'un compteur.

Réseau routier

Les touristes voyageant par la route à l'intérieur de l'Inde trouveront une majorité de routes goudronnées reliant les divers centres touristiques. Ils trouveront également des stations d'essence tout au long de leur parcours.

La conduite se fait à gauche.

Il n'est pas possible de louer des voitures sans chauffeur, mais on peut en louer avec chauffeur pour le prix approximatif de 1,5 roupie par km pour une petite voiture de 4 places, et d'environ 2 roupies pour une grosse voiture (prix de l'essence en sus).

Passeport et visa

Le voyageur se rendant en Inde doit être muni d'un passeport en cours de validité (6 mois) si son séjour en Inde ne dépasse pas 30 jours et s'il peut présenter un billet aller-retour par avion avec date de retour confirmée. Un permis d'entrée lui est alors accordé à son arrivée aux aéroports en Inde, pour une durée maximum de 30 jours. Ce permis est valable pour trois entrées et permet aux touristes visitant certains pays voisins de rentrer de nouveau en Inde.

Toutefois, les voyageurs qui se rendent en Inde régulièrement (plusieurs fois la même année) doivent se munir d'un visa avant leur départ. En effet, un deuxième permis d'entrée ne peut être délivré que six mois après la date d'émission du premier. De même, le visa est exigé pour les voyageurs arrivant par voie maritime ou terrestre, quelle que soit la durée du séjour, ou en provenance du Pakistan.

Les touristes entrant en Inde pour un séjour supérieur à 30 jours et quel que soit le moyen de transport utilisé, ont besoin d'un visa qu'ils peuvent se procurer auprès des représentations diplomatiques de l'Inde.

Santé

Il n'y a plus de vaccination obligatoire pour l'Inde néanmoins la vaccination contre le choléra est recommandée, celle contre la fièvre jaune n'est exigée que si l'on vient d'un pays contaminé. Penser aussi à la vaccination contre la polio (on visite les temples nu-pieds).

Il est recommandé d'emporter quelques médicaments d'usage courant (aspirine, désinfectants intestinaux et pour l'eau, etc.). Boire uniquement de l'eau bouillie ; éviter de manger des légumes crus et des fruits frais coupés, dans la rue.

Monnaie et change

L'unité monétaire en Inde est la *Roupie indienne*, divisée en 100 *paises*. Parmi les devises étrangères, le dollar américain est accepté le plus facilement. Les touristes auront donc intérêt de se munir de billets ou de chèques de voyage libellés en cette monnaie. L'importation et l'exportation de la roupie sont interdites. Les devises étrangères doivent être déclarées à l'entrée et sortie du pays.

Les cartes de crédit internationales sont d'un usage courant dans les grands hôtels, restaurants et commerces fréquentés par les touristes.

Douane

A son arrivée en Inde, chaque touriste doit s'engager par écrit à réexporter les objets de valeur qui sont en sa possession sur le formulaire pour la réexportation des bagages (appareils photo et cinéma, jumelles, magnétophone, radio, machine à écrire, bijoux personnels, etc.).

S'il n'a pas d'objet de grande valeur, à part, une montre, un appareil photo, quelques bijoux, il pourra se dispenser de remplir le formulaire.

On pourra se faire aider par les fonctionnaires de l'Office National Indien du Tourisme dans les services de bienvenue des aéroports internationaux de Delhi, Calcutta, Bombay et Madras.

Enfin, l'on n'omettra pas de solliciter le *Liquor Permit* qui permet de consommer des boissons alcoolisées si l'on se rend dans les Etats du *Tamil Nadu* ou du *Gujarat* uniquement.

Heure locale

Lorsqu'il est midi à Paris, il est 4 h 30 en Inde (en hiver) et 3 h 30 (en été). Elle est la même à travers tout le pays.

Hôtels et prix

L'Inde possède une gamme assez étendue d'hôtels de toutes catégories, complétée par un réseau de gîtes d'étapes. Les hôtels sont classés en cinq catégories, mais dans ce guide nous n'avons pas retenu la catégorie inférieure.

La plupart des hôtels en Inde sont climatisés et servent de la cuisine indienne et occidentale.

On pourra se loger également dans les « Travellers Lodges », ainsi que dans les « Circuit Houses » et les « Tourist bungalows » et, pour les petites villes dans les « Inspection bungalows », « Travellers bungalows » et « Dak bungalows », pour environ 20 à 50 roupies, mais qui ne comportent souvent que quelques chambres.

Service et pourboires

Le service n'est pas toujours compris dans les notes d'hôtels et de restaurants ; on peut donner environ 10 à 15 % de l'addition, en le distribuant parmi les divers services (boys, portiers, bagagistes, serveurs...).

Auberges de jeunesse, YMCA et YWCA

On trouve dans tout le pays de nombreuses auberges de jeunesse, et les renseignements à ce sujet, peuvent être obtenus auprès des bureaux du tourisme ou de l'*Association indienne des Auberges de jeunesse,* Nyaya Marg, New Delhi.

Il y a dans toutes les villes importantes des YMCA et YWCA. Renseignements auprès de la *Youth Hostels Association of India,* New Delhi 5, 2 East Park.

Comment s'habiller ?

Il est conseillé d'emporter des vêtements d'été en coton ou en lin, qui sont faciles à laver et à sécher. Un chapeau et des lunettes de soleil sont indispensables, des sandales, des espadrilles ou des chaussures de sport seront plus agréables à porter que des chaussures de ville. Il est recommandé d'emporter des lainages surtout en hiver (novembre à mars), et même toute l'année dans les régions montagneuses, comme le Cachemire, où les soirées peuvent être très fraîches, et un imperméable léger pendant l'hiver et la saison des pluies.

Ne pas oublier d'emporter des chaussettes pour la visite des temples.

Courant électrique

Le courant électrique est généralement de 220 volts alternatifs. Dans certaines régions : courant continu. Prises de type anglais, se munir d'un convertisseur.

Achats

Le « shopping » en Inde peut être considéré comme un véritable amusement. Il peut s'effectuer dans les grands magasins d'Etat (*State Emporium*) où les prix sont fixes ou dans les petites échoppes et les bazars où il est d'usage de marchander. Les amateurs de curiosités et de souvenirs auront le choix entre les productions artisanales variées des différentes régions (objets en bronze, laiton ou cuivre ; figurines sculptées dans le bois ou dans l'ivoire ; soieries, brocards, pierres semi-précieuses), etc.

Magasins, banques, heures d'ouverture

Bien que variant selon les Etats, les magasins sont généralement ouverts de 9 h 30 à 13 h et de 15 à 20 h, du lundi au samedi.

Les banques ouvrent leurs guichets de 10 à 14 h du lundi au vendredi, et de 10 à 12 h le samedi.

Jours fériés

2 janvier : jour de la République ; 15 août : jour de l'Indépendance ; 2 octobre : anniversaire de Mahatma Gandhi ; 25 décembre : Noël.

A ces jours fériés nationaux s'ajoutent les fêtes religieuses rythmées par les calendriers lunaire et solaire.

Le séjour en Inde

Les touristes désireux de rencontrer pendant leur séjour en Inde des Indiens exerçant la même profession et ayant les mêmes intérêts peuvent le faire sur place avec l'aide de l'Office National Indien de Tourisme.

Le salut traditionnel des hindous consiste à joindre les mains devant la poitrine en prononçant « Namasté ». Les musulmans saluent en prononçant « Salam ». Pour merci, on dit « Dhaniavad » ou « Shukria ». Il faut se déchausser pour visiter les temples, les mosquées et autres lieux sacrés.

Dans certains temples (en particulier les temples jaïns), les objets de cuir sont parfois interdits.

Numéros de téléphone utiles dans toutes les grandes villes : Police 100, Pompiers 101, Ambulance 102.

Photographie et vidéo

Il est conseillé de se munir d'une ample provision de films au départ. Sur certains sites comme le Taj Mahal d'Agra, la caméra vidéo est interdite et il faut la déposer à l'entrée. A l'intérieur des musées, de certaines mosquées, une taxe est perçue par le gardien (de l'ordre de quelques roupies). La photographie est interdite sur les aéroports, les installations militaires stratégiques et les zones d'habitation des tribus. Il est toujours préférable de demander l'assentiment de la personne que l'on veut prendre en photo ou filmer.

Informations touristiques

A l'étranger, bureaux de l'Office National Indien de Tourisme :
France : 8, boulevard de la Madeleine, 75009 Paris – Tél. 42.65.83.86.
Suisse : 1-3, rue Chantepoulet, 1201 Genève – Tél. 32.18.13.
Belgique : 60, Ravenstein, 1000 Bruxelles – Tél. 511.17.96.

En Inde

Offices Nationaux Indiens de Tourisme :
New Delhi : 88, Janpath ; tél. 320005/8.
Bombay : 123, M Karve Road ; tél. 293144 - 291585.
Calcutta : Embassy 4 Shakespeare Sarani ; tél. 441402 - 441475.
Madras : 154, Anna Salai ; tél. 88685 - 88686.

Bureaux dans les grandes villes indiqués à leur place dans ce guide sous le symbole Ⓣ.

Dans les centres touristiques importants, des guides accrédités par les Ministères du Tourisme et de l'Archéologie, sont disponibles. Ils parlent anglais (français dans quelques villes) et sont toujours très compétents.

Petite bibliographie

Ouvrages généraux et romans :

L'œuvre de R. Kipling (Laffont/Bouquins).
« La Mousson », L. Bromfield (Poche).
« Le Fleuve », Godden (Albin Michel).
« Nocturne indien », Tabucchi (Bourgois).
« Inde sans espoir », V.S. Naipaul (10-18).
« Parias », P. Bruckner (Seuil).
« Cette nuit la liberté » et « La Cité de la joie », D. Lapierre (Laffont).
« Le tigre et la rose », L. Frederic (Laffont).

Ouvrages spécialisés :

« Mahabharata » (Garnier/Flammarion).
« Histoire de l'Inde », A. Danielou (Fayard).
« Dictionnaire de la civilisation indienne », L. Frederic (Laffont).
« Civilisation de l'Inde ancienne », A.L. Basham (Arthaud/Flammarion).
« Inde, cinq millénaires d'art », Goetz (Albin Michel).
« La vie du Bouddha à travers les monuments de l'Inde », A. Foucher (Maisonneuve).
« Vedisme et Hindouisme », A.M. Loth (Le Bas).
Nombreux titres de la collection « Que sais-je ? » (P.U.F.).

Carte Bartholomew (India, Pakistan, Ceylon) ainsi que des cartes régionales à la Librairie L'Astrolabe (46, rue de Provence, 75009 Paris) qui possède également le plus grand choix possible d'ouvrages sur ce pays.

L'INDE A TABLE

Conditionnée par les tabous alimentaires (interdiction de consommer de la viande, du poisson...) respectés uniquement à vrai dire par les Brahmanes, la cuisine indienne demeure celle du *curry* (ou cari). Souvent très épicé on pourra à la commande demander à ce qu'il le soit moins. Tout s'assaisonne avec cette sauce : poissons, mouton, poulet, légumes, etc. Le curry s'accompagne de petits pains *Naan* ou *Japati*, ou de riz, et de *Chutney* (condiments composés de légumes et de fruits cuits, saumurés et vinaigrés) ou d'*Achards* (salade de fruits, de légumes confits dans du vinaigre).

Principaux plats

Tandoori Chicken : poulet mariné dans du yaourt, de l'ail, et du safran.
Chicken Tikka Kebab : viande de poulet marinée et cuite à la broche.
Chicken Makhanwalla : coquelets au curry.
Tandoori Machchi : poisson grillé cuisiné dans du cumin, coriandre, poivre rouge.
Malai Kofta Curry : boules de poisson haché au curry.
Roghan-Josh : curry de mouton.
A goûter également, les plats à base de légumes, très variés ; l'Inde est un paradis pour les végétariens.
Palak Kofta : épinards au curry.
Aloo Gobi : choux-fleur et pommes de terre aux cumin et autres aromates, arrosés de curry.
Mattar Panir : fromage maison mariné dans du curry à la tomate et servi avec des petits pois.
Dosa : crêpe fine recouverte de légumes (pour le petit déjeuner ou comme entremet).
Brinjal Curry : curry d'aubergines.
Channa Pindi : petits pois cuits à l'étouffée dans des oignons et des aromates.

Légumes secs (ou Dal) : ils servent très souvent d'accompagnement, sous formes de petits pois ou de lentilles, mélangés au riz.
On appréciera également le *kheera ka Rayta* : yaourt aux cornichons et à la tomate.

Desserts

Gajar Halva : dessert à base de carottes.
Rasgulla : petites boules de fromage à la crème marinées dans le sirop.
Ras Malai : gâteau de fromage servi dans une sauce de lait frais.

Les fruits

En hiver on trouve principalement, des pommes, des mandarines, des Sweet Limes (gros citrons sucrés), des bananes, des papayes... en été des mangues. A proximité des côtes et dans le Sud de l'Inde on trouve des noix de coco toute l'année.

Boissons

Parmi les boissons les plus populaires à tester, le jus de canne à sucre, le jus de citron et le *lassi* (petit lait). On boira bien sûr du thé mais surtout dans le nord et du café dans le sud.
Sauf dans les hôtels, il est recommandé de ne boire que des boissons capsulées, comme le « sodawater » ou le « kampacola » ou mieux encore du thé chaud ou glacé qui désaltère merveilleusement. La prohibition étant établie dans les Etats du *Tamil Nadu* et du *Gujarat*, les touristes qui veulent y obtenir des boissons alcoolisées, devront demander une autorisation spéciale : le *Liquor permit*.
Il est recommandé de ne pas consommer de fruits crus ou de boissons « ouvertes » en dehors des hôtels, et fortement déconseillé de boire de l'eau du robinet.

Voyager comme un Maharaja ?

Tout d'abord, il faut prendre le « Palace on wheels », train de luxe à vapeur, dans un décor digne d'un roman d'Agatha Christie. Le train part de Delhi, il s'arrête à Jaipur (logement au Rambagh, ancien palais du Maharaja) ; à Udaipur (logement au Lake Palace, ancien palais d'été du Maharaja) ; à Jaisalmer ; à Jodhpur (logement à Umaid Bawan, ancien Palais Royal) ; à Agra, et retour à Delhi.

Autres « lieux du génie » transformés en luxueux hôtels :

Bombay : le Taj Mahal, prestigieux hôtel de style victorien qui n'est pas un palais, mais l'évocation de toute une époque britannique.

Goa : Fort Aguada (ancien fort construit par les Portugais).

Mysore : Lalitha Mahal Palace (palais réservé autrefois aux invités du Maharaja).

Samod : Samod Palace (véritable palais des « mille et une nuits »).

Pour les nostalgiques d'hôtels à la « Marguerite Duras » :

Delhi : Imperial Hotel (pour sa galerie commerciale) ; Bénarès : Clarks (très « rétro ») ; Calcutta : Oberoi (vieux palace rénové).

Glossaire sur la société indienne

Agarbathi : bâton d'encens que l'on fait brûler dans les sanctuaires ou chez soi, au pied d'un autel familial.

Betel : feuille de poivrier qui sert à chiquer après le repas, pour faciliter la digestion. La feuille est remplie d'une noix d'arec et de chaux.

Bharata natyam : danse de l'Inde du sud, créée par Baharata, auteur d'un traité de musique et de danse, le *nathya shastra.*

Bidi ou beedie : cigarette enroulée dans une feuille maintenue par un petit fil de coton. Très bon marché et très populaire.

Bijoux : dans les campagnes, les femmes portent des « bracelets » de cheville, ainsi que des bagues à chaque orteil. Certaines portent à la cloison nasale gauche (orifice par lequel le cœur respire) un ornement en forme de pierre précieuse. Il ne faut pas s'étonner si, encore aujourd'hui, les joailliers constituent une des plus riches corporations du pays !

Cooli (prononcer *Kouli*) : porteur dans une gare, ouvrier agricole, manœuvre.

Chapati : galette plate qui tient lieu de pain, faite avec de la farine de blé, de l'eau et du sel, cuite sur charbon de bois.

Chiffres : les chiffres que nous utilisons sont les chiffres sanskrits transmis par les Arabes.

Cinéma : le cinéma indien est, pour sa production, le premier au monde (plus de 700 films par an). L'Inde possède plus de 10 000 salles fixes ou itinérantes. On connaît surtout, en Occident, les films du réalisateur bengali Satyajit Ray (« La trilogie d'Apu », prix au festival de Cannes en 1956). On connaît moins les films exportés vers les pays islamiques et en URSS (Asie Centrale).

Cobra : les « charmeurs de serpents » pour touristes présentent le combat du cobra contre la mangouste. Si un tel cobra est inoffensif, sachez que la morsure de ce serpent est mortelle et provoque la mort de milliers de personnes chaque année.

Cremation : la crémation a toujours lieu en plein air, au bord d'un fleuve, et utilise du bois. Elle est accompagnée d'un rituel funéraire.

Dal : aliment de base constitué de légumineuses, accompagne le riz ou les galettes.

Devanagari : écriture moderne du sanskrit. Se compose de 33 consonnes et de 13 voyelles.

Dhobi : laveur de linge appartenant à une caste regroupant les membres de la même profession (on peut les voir facilement à Bombay).

Dhoti : pièce d'étoffe enroulée autour des hanches dont un pan, placé entre les jambes, se fixe à la taille.

Femme : la femme est admirée pour son aspect physique et en qualité de « mère ». Elle n'est jamais traitée en inférieure et règne sur toute la famille, réglant toutes les affaires domestiques.

Hasta : gestes des doigts et des mains, utilisés lors des danses pour évoquer une histoire. On les retrouve également en peinture et en sculpture.

Hindi : principale langue du nord de l'Inde, d'origine indo-européenne, développée à partir du sanskrit.

Hindou : qui appartient à l'Hindouisme et au Brahmanisme.

Indien : tout habitant de l'Inde.

Jati : veut dire « naissance ». Catégorie sociale ou professionnelle au sein du système des castes (ex. : les *Dhobi*).

Kama Sutra : kama signifie « désir ». Le *Kama Sutra* ou « aphorismes sur le plaisir charnel » est un traité d'érotisme et de techniques de l'amour physique, attribué à Vatsyayana, qui aurait vécu entre le IVe et le VIe siècle.

Kathakali : drame joué au Kérala. Le maquillage est réalisé avec des pâtes de riz savamment colorées. Les acteurs sont muets alors qu'un orateur raconte l'histoire. La séance dure toute la nuit et les acteurs ne doivent pas faire face au sud.

Lathi : bâton de bambou servant de matraque aux policiers.

Glossaire sur la société indienne (suite)

Lota : pot en laiton souvent utilisé pour la toilette.

Mahabharata : poème épique de 200 000 vers répartis en 18 livres, rédigé aux environs du VIe siècle.

Mariage : autrefois, la coutume était de marier les enfants. Aujourd'hui, la fille se marie à 18 ans minimum et le garçon à 21 ans. On consulte toujours l'astrologue avant de prendre une décision sérieuse. Bien que rare, le divorce est autorisé, mais fait l'objet de réprobation unanime.

Mela : grands rassemblements religieux et foires.

Musique : la musique indienne est composée de musique vocale *(gîta)*, de musique instrumentale *(vâdya)* et de danse *(nritya)*. Elle ne comporte pas de notation écrite, étant faite pour être improvisée et écoutée. La ligne mélodique ou *raga* est fonction d'impressions extérieures ou de sentiments de l'artiste *(rasa)*. La gamme regroupe 22 intervalles et micro-intervalles *(shruti)*.

Panchayat : conseil de village.

Puja : offrande, adoration publique ou privée.

Radio et télévision : l'Inde possède 160 stations émettrices dont 125 sur ondes moyennes. La télévision a débuté en 1959 ; elle possède 7 stations émettrices. On compte environ 26 millions de récepteurs.

Repas : on mange, généralement assis sur le sol ou sur une natte, avec les doigts de la main droite (la main gauche est considérée comme impure). Il est bien, si l'on est invité, de partir immédiatement à la fin du repas et de mâcher son bétel.

Rickshaw : pousse-pousse. Conducteur à pied, à vélo, en tricycle.

Roti : galette de blé.

Santé : l'espérance de vie moyenne est de 57 ans. La mortalité infantile demeure très élevée, environ 120 ‰.

Sari : une seule pièce de tissu (6 à 10 m de longueur) dans laquelle la femme se drape. La musulmane préfère le pantalon.

Satyameva jayate : « La vérité doit triompher », devise de la République Indienne inscrite à la base du « chapiteau des lions », emblème du pays.

Svastika : « croix gammée » à l'envers considérée à tort comme un symbole aryen. Elle représente la révolution du soleil, l'origine pourrait être l'Asie mineure (– 5000).

Talipot : palmier dont les feuilles séchées servaient à l'écriture des manuscrits.

Thé : le thé a été importé de Chine par les Anglais vers 1780. En 1815, la culture de cette plante fut introduite dans le pays avec des plants venus de Chine et d'Assam.

Tilaka : marque apposée sur le front des pèlerins, symbole de l'œil de la connaissance. Les femmes, par coquetterie, portent cette marque rouge ; elle est noire chez les jeunes filles.

Transports : le réseau ferroviaire indien est le plus vaste de toute l'Asie (à l'exception du Japon) avec 61 000 km. L'Inde compte un réseau routier de 1 500 000 km, 4 aéroports internationaux (Delhi, Bombay, Calcutta, Madras) ainsi que 350 aéroports intérieurs.

BOMBAY, VITRINE DE L'INDE

Deuxième ville de l'Inde (agglomération urbaine d'environ 9 millions d'habitants), elle figure parmi les villes les plus encombrées du monde, avec une densité quatre fois supérieure à celle de New York, soit environ 100 000 habitants au kilomètre carré. La cité est située sur la partie sud-ouest d'une péninsule qui appartient à l'ancienne île de Salsette. Appelée « la Londres indienne » lorsqu'elle était, à une certaine époque, la plus grande ville britannique sur la route est allant de Suez à Tokyo, Bombay demeure encore une véritable « porte de l'Inde » pour le voyageur se rendant dans le sous-continent indien.

HISTOIRE

Vers la fin du XVe siècle les Portugais ouvrirent l'Inde à l'Occident et s'installèrent en 1534 dans la région de Bombay. L'origine du nom de la ville serait *bom baia* (port « Belle baie ») ou bien *Mumbai*. Bombay figura dans la corbeille de mariage d'une princesse portugaise et devint possession anglaise en 1661 ; d'abord administrée par la Compagnie des Indes Orientales, Bombay fut choisie au XVIIIe siècle comme siège principal de la Compagnie sur la côte occidentale. De nombreux étrangers s'installèrent dans cette métropole au cours du XIXe siècle et contribuèrent à son expansion.

VISITER BOMBAY

On peut visiter la ville en deux demi-journées.

La visite peut commencer par :

Marine Drive [1] l'artère principale longue de 3 km et large de 40 m, qui suit *Back Bay* à l'ouest de la ville. A gauche s'étend la mer, et à droite, le quartier de *Brabourne Stadion,* où sont implantés de nombreux immeubles modernes, des hôtels, des terrains de sports et de belles villas ; on passe ensuite devant l'*Aquarium* avant de monter à gauche vers *Rai Bhavan* (services administratifs) et, vers le *Temple de Walkeswar ;* on s'arrêtera pour profiter de la belle vue qui s'offre à partir des

jardins suspendus [2] qui sont construits sur des piliers au-dessus des réservoirs d'eau de la ville. Vers le nord, on peut voir les vautours qui planent autour des

Cinq tours du silence [3]. C'est là que les Parsi, considérant le feu comme impur, exposent leurs morts décharnés et dévorés par les vautours. On ne visite pas.

Après être passé par les collines de *Cumballa,* on arrive au temple *Mahalakshmi* et près de la

Tombe de Haji Ali [4], en continuant vers l'Est, on franchit une voie ferrée et un pont d'où l'on peut observer l'activité des blanchisseurs qui travaillent en plein air *(Dhobi Ghat) ;* on arrive ensuite au :

Parc Victoria [5], lieu d'attraction pour les habitants de la ville, qui abrite un jardin zoologique et, le *Musée de la ville de Bombay*. A l'entrée du jardin, a été placée une sculpture représentant un éléphant provenant de *l'île d'Elephanta.*

On continuera en direction du Sud le long de *Parel Road* en passant devant l'église *Nossa Senhora da Esperança,* pour arriver au :

Temple Mombadevi [6], construit au XVIIIe s., ce temple visité par de nombreux fidèles est le *Momba* ou *Amba* de la « déesse mère », une des formes de la déesse *Parvati,* il est également consacré à son époux le dieu *Çiva.*

Abdoul Rahman Street est une rue très animée ; à son extrémité sud, se trouve le pittoresque *marché Crawford (Crawford Market).*

Victoria Terminus [7], la gare centrale, ainsi que la poste principale et le palais de justice sont des bâtiments du style indo-colonial datant du XIXe s. A l'Est, se trouve *l'Hôpital St-George.* En suivant *Vir Nariman Road,* on revient sur *Marine Drive.*

Visites suggérées :

On débutera par :

Oval [8], qui est une grande pelouse agrémentée de palmiers. C'est ici que se sont déroulées les cérémonies du Congrès Eucharistique en 1964. Au nord-est de cette place s'élève

Le Palais de Justice (High Court) **[9]**, dont la façade a 170 m de long. Le bâtiment de style néo-gothique date de 1823, les tours hautes de 53 m ont été ajoutées en 1879. Plus au Sud se trouvent la *Bibliothèque* ainsi que la

Tour Rajabai [10], également en style néo-gothique, et qui est la plus haute construction de la ville (78 m). Sur le côté sud-ouest de l'*Oval* sont situés *l'Université* pastiche du style gothique flamboyant, ainsi que l'ancien *Palais du Gouverneur.*

A l'est se trouve le :

Prince of Wales Museum *(musée du prince de Galles)* **[11]**, installé dans un charmant vieux bâtiment surmonté d'un dôme, situé au milieu d'un jardin. Il contient une belle collection de miniatures et d'intéressantes sculptures indiennes anciennes, illustrant les panthéons hindous et bouddhiques ainsi que des bas-reliefs provenant des stupas d'Amaravati.

Tout à côté se trouve la *Jehangir Art Gallery*, où se tiennent des expositions d'art contemporain. En allant vers le sud-est, on arrive au :

Gateway of India [12], la « Porte de l'Inde ». Cet arc de triomphe fut élevé en 1911 lors de la visite en Inde et du couronnement à Delhi du roi *George V*. A côté, a été élevée en 1961 une statue équestre de *Shivaji*. Prendre ensuite *Marine Street* jusqu'au *Elphinstone Circle*, à droite, on aperçoit l'*Hôtel de Ville* et la *Monnaie*, ainsi que l'ancien *Fort George*. Prendre ensuite la direction de *Flora Fountain (Hutatma chowk)* qui est l'axe autour duquel tourne toute la ville pour terminer la promenade près de *la Cathédrale St-Thomas* (XVIIe-XVIIIe s.).

Ⓣ 123 M. Karve Road (anc. Queens Road), Church Gate (tél. 29.31.44).

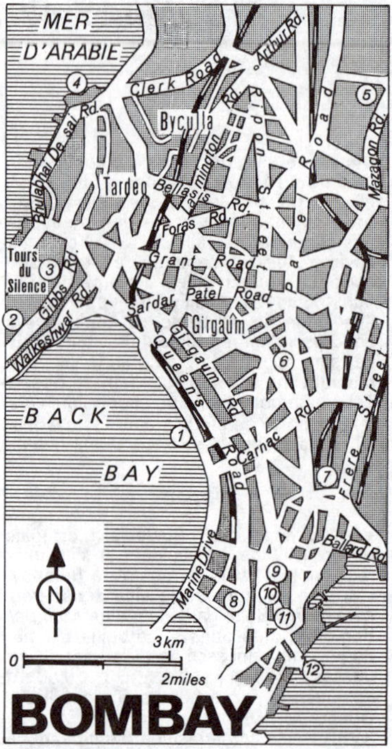

Les environs de Bombay

1. Grottes d'Elephanta. Pour aller à l'île d'Elephanta, distante d'environ 10 km, il faut louer un bateau ou prendre une vedette au *Gateway of India*. Le trajet prend environ une heure. (Le service est suspendu pendant la mousson.)

Du quai d'arrivée aux grottes, un long escalier (plus de 400 m, environ 15 minutes de marche) permet d'atteindre le sanctuaire consacré au culte de Shiva. La grotte n° 1, la plus grande (38 × 17 m), est décorée de piliers à chapiteaux « en coussin aplati ». Les quatre entrées sont gardées par deux statues de gardiens *(dvarapala)*. Au fond de la grotte, Shiva apparaît sous son aspect de *Trimurti* (trois formes), « seule tête, peut-être, digne de s'appeler Inde » selon Malraux. Cette tête de 5 m de hauteur est nommée *Maheshamurti*. De face, c'est le Shiva transcendant ; à gauche, il est terrible sous l'aspect *Bhairava ;* à droite, il est la force latente et créatrice. A gauche et à droite de cette tête, dans des niches, apparaissent des hauts-reliefs représentant Shiva sous son aspect à la fois mâle et femelle ; ainsi que la « descente du Gange », des cieux, sur la tête de Shiva, accompagné de son épouse *(Shakti)*, Parvati. Toutes les parois de la grotte sont décorées de hauts-reliefs dont l'iconographie se rapporte aux légendes de Shiva, liées à son culte : mariage de Shiva et de Parvati, fille du roi de l'Himalaya ; Shiva tuant le démon Andhaka ; Shiva porteur de lotus ; Shiva Nataraja (Maître de la danse) ; Shiva remettant en place le Mont Kailasa d'une pression du pied, etc. La plupart des sculptures de ces grottes ont été endommagées par les Portugais en 1712. Ils épargnèrent, pour notre plus grand bonheur, la *Trimurti*, voyant à travers ce triple visage la Sainte Trinité chrétienne...

2. Kanheri est un groupe de 109 grottes bouddhiques situées à Borivlî, à 42 km au nord de Bombay, creusées dans le roc entre les IIe et VIIe siècles et reliées les unes aux autres par des escaliers. On s'attardera particulièrement à : Chaitya n° 3 (VIe s.), salle avec 34 piliers, murs décorés de bas-reliefs ; grotte 14, peintures murales ; grotte 35, murs décorés de bas-reliefs ; grotte 66, admirables sculptures.

3. Juhu est une belle plage de sable située à 21 km au nord de Bombay. *Hôtel Sun-n-Sand.*

UNE CAPITALE : DELHI

Delhi, (241 m d'altitude, 6,5 millions d'habitants) est la troisième ville de l'Inde et la *capitale* de la République, elle bénéficie du statut de *territoire.*

L'agglomération se divise nettement en deux secteurs, la vieille ville, l'*ancienne Delhi,* et *New Delhi,* la nouvelle ville fondée par les Anglais. Les deux cités s'étendent sur la rive droite de la *Yamouna* (Journma, Djamna) sur une plaine bordée au nord par de petites collines. Le centre de la nouvelle Delhi est parcouru par de larges avenues rectilignes entrecoupées de grandes surfaces, couvertes de gazons après la saison des pluies.

La vieille ville, au contraire, est faite d'un réseau de ruelles inextricables et pittoresques, groupées autour du grand axe de l'artère principale *Chandni Chowk,* du *Fort Rouge* et de la *mosquée du Vendredi (Jama Masjid).*

L'attirance qu'exerce la capitale est à l'origine du développement de nouveaux quartiers périphériques, notamment à l'est et surtout au sud, où de nombreux ensembles d'immeubles destinés aux classes moyennes ont été construits. Les faubourgs septentrionaux par contre ont gardé le caractère résidentiel que les Anglais leur avaient donné au XIXe siècle.

HISTOIRE

La capitale de l'Inde moderne a été construite sur un territoire qui a été témoin d'une longue histoire. Le *Mahabharata* y situe déjà la résidence *Indraprastha* (Indrabara), des *princes Pandawa* au cours d'un passé mythique.

Le nom actuel de Delhi serait une déformation de *deuli* qui signifie « enceinte de la ville ».

Si l'on quitte la légende pour le fait historique, il faut attendre le XIIe s. ap. J.C. et l'arrivée des conquérants musulmans pour que le rôle politique de la cité s'affirme. Les souverains musulmans établissent sous des noms différents leurs capitales dans la région ; ils ornèrent ces villes de mosquées, de minarets, d'écoles coraniques, de mausolées, de palais et de réservoirs d'eau. *Qutb-ud-Din,* le premier prince musulman qui régna à Delhi, éleva vers 1200 le minaret qui porte son nom et qui est devenu le symbole de la ville. Après la dynastie dite des « Esclaves » d'origine turque (à partir de 1206), vinrent les *Khilji* (1290), également des Turcs d'Asie centrale, puis les *Tughluq* (1320). En 1398, Delhi et toute la plaine gangétique, furent dévastées par *Tamerlan.* Delhi redevint prospère sous le règne des princes Afghans des dynasties *Sayyides* (à partir de 1400) et *Lodi* (à partir de 1451), qui durent céder la place au premier des grands Moghols, l'empereur *Babour,* après sa victoire sur le champ de bataille de *Panipat* (1526), à 88 km au nord de Delhi.

Les grands Moghols régnèrent sans interruption, excepté durant un court intervalle (*dynastie des Sour,* (1538-55) jusqu'en 1858. Grands bâtisseurs, ils embellirent la ville par de nombreux monuments (en particulier *le Mausolée d'Houmayoun, le Fort Rouge, la Mosquée du Vendredi*).

Shahjahan fit construire ce qui forme aujourd'hui le vieux Delhi et qu'on nomma *Shahjahanabad.* Même aux époques où la résidence des empereurs n'était pas à Delhi, la ville continua de prospérer. En 1739, Delhi fut pillée et en partie détruite par l'Afghan *Nadir Shah.* Le trône aux paons et le fameux diamant *Koh-i-noor* furent emportés en Perse. Ces événements et les massacres qui les accompagnèrent firent perdre à la ville beaucoup de son importance. En 1803, Delhi tomba sous la coupe des Britanniques. Au cours de la *révolte des Cipayes* (1857), le Fort Rouge servit de point de rassemblement et de quartier général aux mutins. En 1911, l'administration anglaise décida de transférer le siège du gouvernement général de Calcutta à Delhi. A cette occasion, on entreprit de construire une nouvelle ville qui devint *New Delhi.* Après la déclaration de l'indépendance (1947), Delhi fut choisie pour être la capitale de l'État. Le Président de la république indienne y réside maintenant à la place du vice-roi britannique et les deux chambres y sont installées. *Gandhi* après son assassinat en 1948, y fut incinéré près des rives du fleuve. *Jawahrlal Nehru* gouverna et mourut ici. Depuis, Delhi est le centre incontesté de la vie politique, culturelle et économique de l'Inde moderne.

VISITER DELHI

Il est recommandé, étant donnée l'étendue de Delhi et de ses environs, d'effectuer les visites dans l'ordre suivant : vieille ville ; quartiers de l'est et du sud, la périphérie du sud ; New Delhi, et si l'on dispose de suffisamment de temps on visitera ensuite les quartiers du nord et de l'ouest.

Il est possible de parcourir la vieille ville à pied ; pour les autres promenades, nous conseillons de prendre un taxi.

La vieille ville

Red Fort *(le Fort Rouge)* **[1]**, doit son nom au matériau de construction en grès rouge qui a servi à élever la forteresse et le palais de l'empereur Moghol *Shahjahan* entre 1639 et 1648. Les murs de l'enceinte hauts de 16 m entourent une superficie de près de 600 000 m² où s'élèvent des palais, des mosquées, s'étendent des cours et des jardins. Le palais impérial est situé à l'est de la vieille ville, à l'ouest de la *Yamouna ;* on pénètre dans la forteresse par la *porte de Lahore* à l'extrémité orientale de Chandni Chowk.

Un passage couvert à arcades, bordé de boutiques de souvenirs amène les visiteurs jusqu'à une cour extérieure longue de 160 m et large de 125 m. On quitte cette dernière par *Naubat Khana* (une porte d'honneur munie de balcons et de galeries, sur lesquels les jours de réceptions ou de processions sont placés des musiciens). Et on pénètre dans la cour intérieure juste en face de *Diwan-i-Am,* la salle du trône réservée aux réceptions et audiences publiques. Les proportions équilibrées (18 sur 30 m) de la colonnade surmontée d'arcs sur lesquels repose le plafond plat, en font un exemple représentatif de l'architecture moghole. Sur le côté est de la salle, à mi-hauteur du mur, se trouve une niche destinée au trône du Grand Moghol. En allant en direction du nord-est, on pénètre dans la cour intérieure pour arriver au *Diwan-i-Khas,* la salle d'audience privée. C'est ici que se trouvait le célèbre trône aux paons en or massif serti de perles et de pierres précieuses : rubis, saphirs, émeraudes, diamants, et décoré au dos de deux paons faisant la roue. Le trône de Shahjahan était surmonté d'un dais orné de perles, porté par douze colonnettes. Les parois de la salle du trône étaient en marbre avec des incrustations de pierres semi-précieuses. La beauté du cadre incita sans doute un courtisan à faire graver en persan l'inscription suivante : « s'il existe un paradis sur terre, cela doit être ici, ici, ici ». Les appartements impériaux étaient constamment rafraîchis grâce à un petit canal alimenté par un système hydraulique.

Le Fort Rouge

En suivant le canal en direction du nord, on arrive aux somptueuses installations des bains du Grand Moghol et de sa famille. A l'ouest de ces derniers, est située *Moti Masjid* (la « mosquée des perles ») dont on admirera l'aspect élégant et raffiné à partir de la petite cour intérieure ; la mosquée fut construite en 1659 pour l'empereur *Aurangzeb.*

Plus au nord, se trouvent les jardins de *Hayat Bagh* (le jardin des plaisirs) et *Mahtab Bagh* (le jardin du clair de lune) parsemés de pavillons, de pièces d'eau et de fontaines.

On retournera vers le *Diwan-i-Khas* pour visiter en direction du sud les appartements privés des Grands Moghols, en particulier le pavillon octogonal accroché aux hautes murailles extérieures *(Musamman Burj)* et le *Rang Mahal* (pavillon aux peintures) réservé aux favorites. Un peu plus au sud, se trouve le *Moumtaz Mahal* où a été installé un petit musée consacré à l'histoire de la ville de Delhi. La muraille méridionale du fort possède deux portes, l'une s'ouvre sur la rivière *Yamouna,* l'autre, la *Porte de Delhi,* est située non loin du lieu où les Anglais enfermèrent en 1857 le dernier des Grands Moghols.

Nous quittons le Fort Rouge par la porte de Lahore, en direction du sud-ouest, après avoir franchi une place où se trouvent de nombreuses boutiques de marchands de souvenirs, pour arriver aux pieds des marches qui conduisent à :

Jama Masjid *(la mosquée du Vendredi)* **[2]**, construite de 1644 à 1658, sous le règne de Shahjahan. La mosquée qui mesure 65 m sur 35, et dont la cour forme un carré de 100 m de côté, est par sa superficie la plus grande construction religieuse de l'Islam. On pénètre dans la cour, entourée d'une galerie, en empruntant trois escaliers monumentaux. Le centre de la cour est occupé par un bassin de dimension inhabituelle, destiné aux ablutions rituelles.

La mosquée elle-même est ouverte sur la cour, elle est surmontée par trois coupoles et flanquée de deux minarets hauts de 40 m. L'ensemble de la construction, où se marient harmonieusement le marbre et la pierre calcaire rougeâtre est à juste titre considéré comme un chef-d'œuvre de l'architecture moghole. Sur le sol de marbre, sont dessinés des compartiments, chacun de la taille d'un tapis de prières.

La mosquée conserve dans un petit sanctuaire sous les arcades de la galerie quelques saintes reliques, entre autres, un cheveu teint au henné du Prophète, ses sandales en cuir de chameau, un coran écrit sur feuilles de palmes ayant appartenu au Calife Ali. La mosquée ne peut être visitée avec des chaussures ; toutefois, il est possible de louer à l'entrée des chaussons qu'on peut enfiler sur les souliers. Plusieurs rues bordées de boutiques rayonnent à partir de *Jama Masjid* en direction de la vieille ville. Cette partie de la ville est particulièrement animée ; une foule pittoresque et bruyante s'y presse, au milieu des ruelles encombrées par toutes sortes de véhicules. En allant vers le nord, on atteindra :

Chandni Chowk *(le marché des orfèvres)* **[3]** ; c'est une rue plus importante qui conduit du Fort Rouge à l'est, jusqu'à la *Mosquée de Fatehpouri* à l'ouest. Cette mosquée fut construite vers 1650 pour une des épouses de Shahjahan, *Fatehpour Begum.* Autour de la mosquée, des centaines de boutiques et d'échoppes attendent le client, ici l'on peut tout acheter, depuis les bijoux en or ou en argent, les pierres précieuses et les perles, les sculptures en ivoire, la vaisselle en cuivre, jusqu'aux sari de soie ou de coton et mille autres souvenirs. Mais s'il est d'usage en

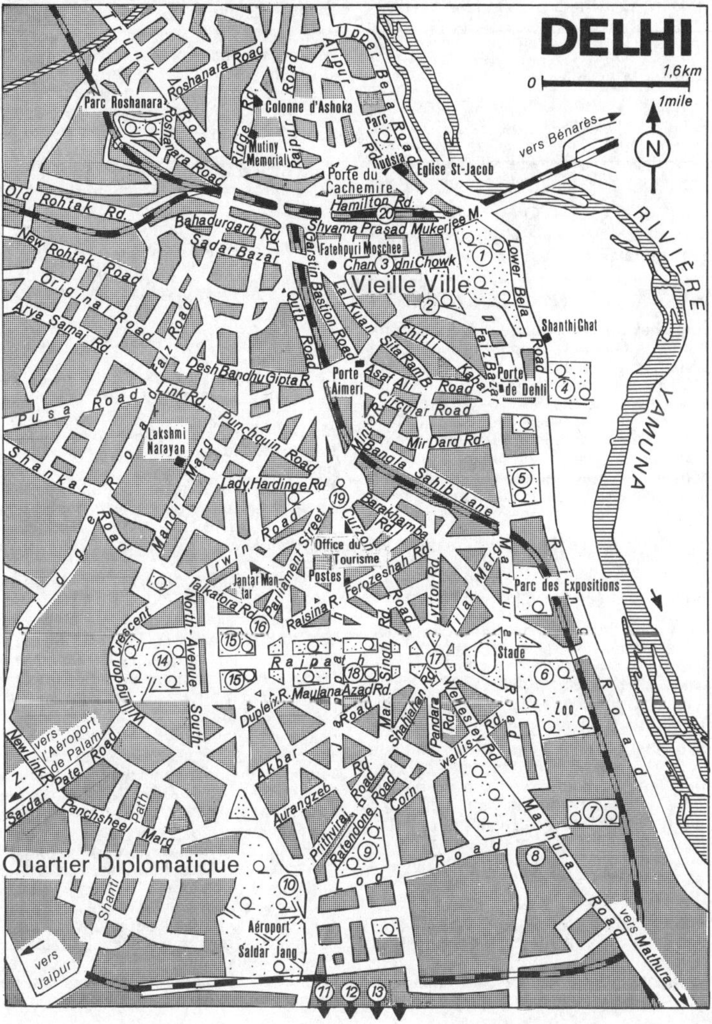

Orient de marchander les prix dans les bazars, ce n'est pas le cas dans les magasins d'État « State Emporia ».

On pourra encore visiter dans la vieille ville la mosquée *Zinat-ul-Masjid* construite en 1707 pour une fille de l'empereur Aurangzeb ; la jolie *mosquée Sonehri* (la mosquée dorée) ainsi que les portes de l'ancienne enceinte de Shahjahanabad ; au nord la porte du *Cachemire* et l'*Église St-James,* qui contient des souvenirs de l'époque coloniale anglaise.

Au sud-ouest se trouve *la Porte d'Ajmeri,* près de : *Kalan Masjid* (aussi nommée *Kali Masjid*) construite par *Firoz Shah* (1386), ainsi que plusieurs mausolées comme celui de *Turkman Shah* mort en 1240, de *Sultana Raziya,* mort en 1241 ; de *Ghazi-ud-Din,* mort en 1710.

La porte de Delhi est située au sud du Fort Rouge à l'extrémité de *Faiz-Basar.* La communauté Jaïna possède également un temple dans la vieille ville, auquel est adjoint un asile pour les animaux.

Les quartiers de l'Est et du Sud

Il faut compter pour visiter ce secteur avec un taxi de trois à six heures.

Shanti Vana au sud-est du Fort Rouge est le lieu de crémation du *Pandit Nehru.*

Raj Ghat [4], le monument à la mémoire du héros national *Mahatma Gandhi* a été construit en plusieurs fois. Une cour d'honneur entoure un podium en marbre noir élevé à la mémoire du « père de la nation » qui fut assassiné le 30 janvier 1948 par un hindou fanatique. Il est d'usage de déposer à l'entrée quelques fleurs en souvenir du grand homme. Ici également, il est nécessaire de se déchausser avant de pénétrer dans l'enceinte.

Firoz Shan Kotila [5], la « forteresse du roi Firoz » fut élevée au cours de la deuxième moitié du XIVe s. au centre de *Firozabad,* la cité qui précéda Delhi.

Les ruines de cette ville, détruite en 1398 par les armées de Tamerlan, fournirent les matériaux qui servirent à construire *Purana Qila* et *Shahjahanabad.*

On aperçoit encore les restes du palais et les portes de l'ancienne enceinte de la ville ainsi qu'une mosquée. Sur l'antique forteresse, a été érigée une colonne monolithique haute de 13 m. Cette *colonne d'Açoka,* comme la plupart de celles qui ont été trouvées dans différentes provinces de l'Inde et même en Afghanistan, porte une inscription ordonnant de respecter les règles de l'éthique bouddhique.

Purana Qila [6], « le vieux fort », formait le centre de la ville de *Sher Chah* de la dynastie Sour au XVIe s. Sur la porte occidentale de la forteresse a été sculptée, fait exceptionnel à l'époque musulmane en Inde, une représentation de *Sher Chah* tuant un tigre.

Après avoir franchi la porte méridionale du fort, située non loin d'une mosquée et d'une medressa (université coranique) datant de la 2e moitié du XVIe s., on traverse une zone où ont été construites des habitations sociales destinées à des réfugiés, pour arriver à la *mosquée Qila-Kona.* Ce monument, construit en grès rouge, précède stylistiquement les mosquées de la période Moghole. Lors de son élévation, des matériaux provenant des temples hindous ont été réemployés et donnent un caractère particulier à ce monument islamique.

Non loin de là, on arrive près d'un bâtiment octogonal à étage, la « bibliothèque d'Houmayoun ». On remarquera également en quittant le « vieux fort » une grande citerne qui approvisionnait la ville en eau à l'époque de *Sher Chah* et *d'Houmayoun.*

La tombe d'Houmayoun [7]. En empruntant Matha road en direction du sud, on aperçoit, à peu de distance de l'avenue, diverses tombes datant du XVe s., pour arriver à une porte qui s'ouvre sur des jardins. C'est ici que *Haji Begum,* la veuve d'Houmayoun, fit construire par un architecte persan, de 1556 à 1565, le premier des grands mausolées de l'époque Moghole. Le mausolée, surmonté d'une importante coupole, s'élève sur un large soubassement peu élevé. Quatre minarets octogonaux entourent le monument construit lui aussi en grès rouge et en marbre blanc. Les portails qui agrémentent les façades s'ouvrent à l'intérieur de niches en arcs brisés qui trahissent l'influence des Iwan persans. Tourelles (minars) et kiosques décorent la toiture. La crypte contient les tombeaux d'*Houmayoun,* d'*Haji Begum* ainsi que ceux d'autres souverains et princes Moghols, tel celui de *Dara Shikoh,* fils aîné de *Shahjahan.*

Nécropole de Nizam-ud-Din-Aulia [8]. Les touristes sont souvent rebutés par l'aspect négligé et quelque peu désolé de ce secteur qui contient toutefois nombre de monuments intéressants, qui s'échelonnent de l'époque *Khilji* (XIIIe s.) jusqu'à la période de la fin des Moghols.

Au centre de la nécropole, se trouve le tombeau du Saint musulman *Nizam-ud-Din,* qui vécut aux XIIIe-XIVe s. et dont la sépulture fut un lieu de pèlerinage réputé. Le mausolée fut bâti dans le style moghol finissant (XVIIIe s.). Derrière ce monument on aperçoit, surmontée d'une coupole aplatie, la mosquée d'*Ala-ud-Din-Khilji* (XIIIe s.). Sur le tombeau *Jehanara* qui exigea, par piété, une sépulture simple, il est d'usage de répandre des pétales de roses ; enfin il faut encore signaler les tombeaux du poète *Amir Khosrow* et de *Mohammed Chah* mort en 1748.

Les mausolées des Lodi [9]. Si l'on suit *Lodi Road* en direction de l'ouest, on parvient sur l'emplacement de l'ancienne cité de *Khairpur,* où s'étendent aujourd'hui des jardins au milieu desquels s'élèvent des monuments datant des époques des dynasties Sayyide et Lodi (XVᵉ-XVIᵉ s.).

On rencontre d'abord le mausolée octogonal de *Mohammed Chah Sayyid,* dernier souverain de la dynastie. Plus loin, dans le parc, on parvient devant le monument funéraire de forme carrée du vizir *Shehab-ud-Din,* renommé pour son décor en faïence émaillée, et qui a été surnommé *« Shish Gumbaz »* (le mausolée aux miroirs).

Non loin, se trouve un autre grand mausolée carré qui était vraisemblablement destiné à *Ibrahim Lodi,* mort sur le champ de bataille de *Panipat.* Ce monument est appelé le *Bara Gumbaz* ou le « grand tombeau ». La mosquée attenante est célèbre pour son décor ornemental en stuc, en particulier des inscriptions en écriture arabe. Un peu plus loin vers le nord s'élève sur une plate-forme, le tombeau octogonal de *Sikander Lodi* qu'un fossé rempli d'eau entourait à l'origine.

Le Mausolée de Safdar Jang [10], à l'ouest des tombeaux des Lodi, autre monument important de l'époque moghole. Il fut construit en 1753 d'après le modèle de la tombe d'Houmayoun et est situé également au milieu d'un jardin enclos de murs. Le mausolée, de forme carrée à un étage, est surmonté d'une coupole. Il n'a pas la qualité architecturale des monuments précédents.

La périphérie du Sud

Les monuments que nous allons citer se trouvent dans un secteur situé entre le mausolée de *Safdar Jang* et le *Qoutb Minar.* Ils n'intéresseront que les amateurs d'architecture Indo-Islamique.

Hauz Khas [11]. En tournant vers la droite, on parvient aux ruines du grand réservoir qu'*Ala-ud-Din-Khilji* construit vers 1300 pour alimenter en eau sa nouvelle capitale *Siri.* Plus tard *Firoz Chah* (vers 1370) fit construire sur les bords du réservoir une université islamique. Dans le même secteur, se trouve aussi le mausolée de *Firoz Chah Tughluq* (mort en 1389). C'est un monument dépouillé, de forme cubique, aux murs inclinés, surmonté d'une coupole aplatie. A l'est de Sri Aurobindo Marg, on trouvera les ruines de :

Siri l'ancienne ville fondée par *Ala-ud-Din Khilji ;* un peu plus au sud, se trouvait :

Jahanpanah, la cité de *Mohammed Chah Tughluq* (1325-51), certaines parties de la *mosquée Begumpur* (la cour intérieure, la

Le mausolée de Safdar Jang

salle de prières) et le palais de *Badal Mandal* ont résisté aux ravages du temps.

Lal Kot est la plus ancienne fondation urbaine d'époque islamique de la région de Delhi. Plusieurs monuments importants y ont été conservés, en particulier :

Le Qutb Minar [12]. Le « minaret de Qutub-ed-Din » date de 1199. Haut de 72,5 m, il est le monument le plus élevé de l'Inde ; son diamètre étant de 15 m à la base et de 3 m au sommet. Un escalier intérieur (on ne peut l'emprunter) mène aux galeries extérieures d'où le *muezzin* appelait à la prière. Les trois premiers étages sont de grès rouge, le quatrième et le cinquième de marbre blanc serti de grès rouge. Le pourtour est taillé successivement en cannelures dièdres et cylindriques au premier étage, cylindriques au second et dièdres au troisième. Le monument est orné de vastes bandes de versets coraniques. Les quatre balcons sont supportés par des consoles alvéolées qui séparent chaque étage.

Ce minaret a une fonction religieuse, mais aussi symbolique car on peut le considérer comme une tour de victoire pour magnifier la victoire de l'Islam sur les idolâtres. A la même époque, Yousouf Iᵉʳ érigeait à Séville une tour encore plus haute, la Giralda. Ces deux tours, la Giralda à l'ouest et le Qutb Minar à l'est, expriment bien l'expansion de l'Islam dans le monde.

Mosquée Qouwwat-ud-Islam fut construite par *Qoutb-ud-Din* avec les matériaux provenant de temples hindous détruits. C'est ainsi que des éléments entiers d'architecture furent intégrés dans la mosquée « Puissance de l'Islam » (1193). *Altemish* (1210-36) agrandit l'ensemble en y ajoutant des ailes. *Ala-ud-Din-Khilji* fit construire la cour extérieure.

Au centre de cette dernière a été placée une colonne en fer datant de l'époque Gupta (Ve s.). D'après une croyance locale, la célébrité est promise à qui parvient, adossé à la colonne, à joindre les deux mains en l'entourant.

Tombe d'Iltutmish. A l'angle nord-ouest de la mosquée, se trouve le plus ancien tombeau des sultans de Delhi (13e s.). Le cénotaphe et le bas des murs intérieurs sont décorés d'inscriptions en arabe.

Ala-i-Minar. Au nord de la mosquée *Qouwwat-ud-Islam* devait s'élever au XIIIe s. le plus grand minaret de l'Islam, les travaux toutefois furent arrêtés après que la tour eut atteint une hauteur de 26 m.

Ala-i-Darwaza. La « Porte des victoires » qui sert d'entrée méridionale à la mosquée, fut construite sous *Ala-ud-Din-Khilji* vers 1300.

Le grès rose de la construction est orné d'un décor en relief et de sentences calligraphiées du Coran.

Dans les environs, autour de la bourgade de *Mehrauli,* on peut voir d'autres mausolées et mosquées, ainsi qu'une citerne.

Tughluqabad [13], se trouve à quelques 8 km à l'est de Qoutb Minar. Cette ville fut fondée par le premier sultan de la dynastie des *Tughluq, Ghias-ud-Din* vers 1320. Les ruines du palais forment une sorte d'acropole qui dominait la cité disparue.

A l'extérieur des murs se trouve le tombeau de *Ghias-ud-Din* construit en grès rose ; ce mausolée a été pourvu d'encadrements de portes et de fenêtres en marbre. Il possède aussi la plus ancienne coupole de marbre.

NEW DELHI

Il faut compter deux à trois heures en voiture pour visiter la ville moderne, plus une demi-journée pour le Musée National. On peut commencer la visite près du Palais Présidentiel, descendre *Rajpath* en direction de l'est jusqu'à *India Gate* (Arc de l'Inde) puis remonter *Ashoka Road* et *Janpath* jusqu'au *Connaught circus* et revenir au point de départ par *Hardinge road* et *Birla Mandir.*

Rashtrapati Bhavan [14], fut construit en 1920 par *Lutyens* pour servir de palais au vice-roi britannique. C'est de nos jours la résidence du Président de la République. Le bâtiment est surmonté par un grand dôme haut de 65 m. Derrière le palais, s'étendent des jardins moghols.

La Résidence du Premier Ministre [15] est installée dans deux bâtiments qui se font face et qui ont été construits par *Baker* dans le style indo-colonial. Devant eux s'étend la grande esplanade de *Vijay-Chowk.* Sur la face nord, s'élève

Le Parlement [16], entouré d'une colonnade et qui fut également construit par *Baker.* Ici s'assemblent le *Lok Sabha* (Parlement) et le *Rajya Sabha* (Conseil d'État) de la République indienne. L'esplanade et l'*avenue Rajpath* continuent jusqu'à

India Gate [17], dédié aux morts de la Première Guerre mondiale.

Autour de *Rajpath,* sont situés plusieurs bâtiments officiels : *Palais des congrès, Vigyan Bhavan, Archives,* et à l'angle de *Janpath*

Le Musée National [18], qui regroupe dans un bâtiment moderne les collections d'art indien représentatif de toutes les époques et de toutes les régions du pays. Ce musée de classe internationale est réputé dans le monde pour la richesse et la qualité de ses collections. Les salles du rez-de-chaussée illustrent dans un ordre chronologique l'évolution de la sculpture hindoue et bouddhique, de l'Antiquité au Moyen Age.

On visitera le musée dans l'ordre suivant ; au rez-de-chaussée : à gauche : galerie de préhistoire et galerie de la civilisation de l'Indus. Au fond, galerie maurya, shunga et shatavahana ; puis, à la suite, galerie kushana et art du Gandhara. Parallèle à la précédente galerie, à gauche,galerie des terres cuites gupta et, à la suite, galeries du Moyen Age, puis galeries des bronzes.

Premier étage : galerie de l'histoire de la peinture indienne ; galerie des antiquités d'Asie centrale.

Deuxième étage : collections d'anthropologie, d'armes, de textiles, d'arts décoratifs.

En remontant *Janpath* en direction du nord, on parvient à

Connaught Place (circus) **[19],** le centre de la nouvelle ville. Huit grandes avenues, bordées d'immeubles, de bureaux, et de magasins, rayonnent à partir de cette

La mosquée « Jama Masjid »

Évolution de Delhi à travers ses diverses cités		
Nom de la cité	Nom du constructeur	Date de construction
Indraprastha	Frères Pandava	– 1500/ – 1000
Dhillika	Tomara (Rajpoutes)	VIIIe siècle
Oila Rai Pithora	Prithviraja III (Afghan)	fin du XIIe siècle
Siri	Ala-ud-Din Khilji (Turc)	XIVe siècle
Tughluqabad	GHiyas-ud-Din Tighluq	XIVe siècle
Jahanpanah	Mohammed Tughluq (Turc)	XIVe siècle
Firoz	Firoz Shah (Lodi)	XIVe siècle
Purana Qila	Sher Shah Suri (Lodi)	XVIe siècle
Shahjahanabad	Shah Jahan (Moghol)	XVIIe siècle
New Delhi	Empire Britannique	XXe siècle

place. C'est dans ce quartier que se trouvent également la plupart des cinémas, restaurants, agences de voyages, sièges de compagnies de transport aérien, ainsi que l'office du tourisme indien. Au sud-ouest de la place se trouve *Jantar Mantar,* l'observatoire construit au XVIIIe s. par *Jai Singh.*

Le temple de *Lakshmi Narayan* (Birla Mandir) construit vers 1940, est situé plus à l'ouest. C'est le plus grand sanctuaire hindou de la capitale. Il est accessible aux étrangers qui prennent la peine de se déchausser.

Au nord de Delhi

Ce quartier ne présente qu'un intérêt relatif pour les touristes, il faut environ deux heures pour le visiter en voiture.

Dans la partie septentrionale de la vieille ville est située **la Gare centrale [20].**

Au-delà de la *porte du Cachemire,* où s'élèvent d'anciennes fortifications anglaises, se trouve *le parc Qudsia,* en continuant en direction du nord par *Alipur Road,* on atteint la région où était installé, avant la fondation de New Delhi en 1911, le centre de l'Administration anglaise. Un peu plus à l'ouest, se trouve le campus de l'*Université.*
En redescendant vers le sud, on passe près du *Mutiny Memorial* (monument commémoratif de la révolte de 1857) et d'une *colonne d'Açoka* du même type que celle de *Firoz Chah Kotila,* un peu plus loin, se trouve l'emplacement où George V fut couronné empereur des Indes.

Ⓣ Government of India Tourist Office, 88 Janpath, New Delhi (tél. : 43005/8).
✉ *Bureau de poste central :* début de Alipore Rd.

Minaret Qutb Minar

AHMEDABAD, VILLE DE TRADITION

Ahmedabad (55 m d'altitude, 2 000 000 habitants) est la capitale du *Gujarat*. La vieille ville au centre de l'agglomération est entourée d'un rempart qui longe sur deux kilomètres les rives de la *Sabarmati* qui se perd 110 km en aval, en direction du sud, dans les eaux du *Golfe de Cambay*.

Ahmedabad est renommée pour ses nombreuses façades de maisons décorées de sculptures en bois. Les artisans de la ville (joailliers, tailleurs de pierres, sculpteurs d'ivoire et de bois, ouvriers du cuir, tisseurs de brocarts ou lainages, dentellières) jouissent d'une grande réputation. Leurs créations, souvent bon marché et de bonne qualité, sont très appréciées des touristes.

HISTOIRE

Zafar-Khan, gouverneur de la région pour le compte du sultanat de Delhi, conquit son indépendance vers 1400 et choisit comme site pour sa capitale la ville hindoue d'*Asawal.* Son petit-fils, *Ahmed Shah I,* musulman convaincu, détruisit de nombreux sanctuaires hindous et construisit, en partie avec les matériaux récupérés, non loin d'*Asawal,* une nouvelle capitale : *Ahmedabad.*

Mahmoud Bigarha (ou Begara), un de ses descendants, agrandit et embellit la cité (1459-1511). L'importance des fortifications et la splendeur des mosquées, qu'il fit construire firent d'Ahmedabad, vers 1600, une des plus belles et puissantes cités de l'Orient.

A l'époque Moghole, elle était particulièrement florissante, mais commença à décliner dès le XVIIIe s. En 1819, elle fut partiellement détruite par un tremblement de terre. Sous la domination britannique, la ville fut surtout réputée comme centre de production de coton. Depuis l'indépendance (1947), Ahmedabad s'est transformée en centre industriel du Gujarat.

VISITER AHMEDABAD

Il est possible de parcourir à pied le centre de la ville en une ou deux demi-journées et après quoi, il sera recommandé d'effectuer des excursions dans les environs. On débutera par les jardins situés le long de la rive gauche, près du pont sur la *Sabarmati,* face aux fortifications datant du XVe siècle, de la citadelle de :

Bhadar [1] construite par Ahmed I ; à gauche s'élève le bastion sud-ouest *Manik Burj* (la tour rubis), près du portail on voit la *mosquée d'Ahmed I,* le plus ancien monument islamique de la ville (1414). La mosquée fut édifiée par des artisans locaux qui employèrent souvent des éléments architecturaux hérités de la tradition hindoue.

Dans l'angle sud-est de la citadelle, s'élève le palais du gouverneur des Moghols, *Azam-khan* (1635-1642), il abrite de nos jours le bureau de poste.

Si l'on suit les murs des fortifications en direction du nord, on atteint la :

Mosquée Sidi-Sayyid [2] (1572), construite par un courtisan d'Ahmed I.

Deux de ses fenêtres sont réputées pour leur écran ajouré sculpté dans le marbre qui représente sept arbres avec leurs feuilles, branches et rinceaux.

En direction de l'ouest, on arrive près d'un bel édifice octogonal : la citerne de la forteresse. On quittera la citadelle par le portail nord ou *Bhadar gate.*

En suivant les fortifications le long du fleuve, on atteint la *porte de Khanpur* et peu après la :

Tombe de Wajih-ud-Din [3], qui fut construite de 1606 à 1609 à l'époque Moghole ; au nord, on aperçoit la *mosquée de Sayyid Alam,* bâtie vers 1420 par *Abubakr Husaini* dans un style hybride indo-musulman. La rue aboutissant à la *porte de Shapur* passe près de

la Mosquée Hassan Mohammed Chishti [4], en descendant vers le sud-est on arrive à :

Rani Masjid [5], la mosquée des princesses ; cet ensemble se compose de la mosquée elle-même et, sur sa droite, d'un mausolée ayant l'aspect d'une colonnade.

Le souvenir de Gandhi à Ahmedabad

Gandhi s'installa à Ahmedabad de 1915 à 1917, à son retour d'Afrique du Sud, en fondant un *ashram* à Kochrab, dans les faubourgs de la ville (on le visite). Ici, il prôna sa campagne de non-violence et de non-coopération *(satyagraha)* en demandant aux populations de filer et de tisser eux-mêmes leurs tissus ainsi que d'acheter indien (surtout les cotonnades). C'est dans cet *ashram* que Gandhi jeûna pour la première fois et qu'il partit le 12 mars 1930 pour effectuer sa célèbre « marche du sel ». Après 1939, il participa aux négociations avec les Anglais pour l'indépendance de l'Inde. Il fut assassiné le 30 janvier 1948 à Delhi.

Le mausolée abrite deux tombeaux en marbre dont l'un, celui de *Rupmati*, princesse de Malwa (1430-40) est d'une grande beauté. En allant vers l'est, on arrive devant une église anglicane et près de la *mosquée Mohafiz-Khan*, flanquée de deux minarets. Encore plus loin à l'est, on atteint le temple de *Swami-Narayan* (1850) ainsi qu'un asile pour les animaux, tenu par les jaïns. Plus au sud, on arrive à :

Jama Masjid [6], la mosquée du Vendredi d'Ahmed I (1424) ; on pénètre dans la cour de la mosquée, par le sud ou le nord, en empruntant un escalier. Une galerie autrefois réservée aux dames du harem, ainsi que les quinze coupoles qui couvrent la construction, méritent de retenir l'attention. Les deux minarets ne dépassent pas la hauteur des toits.

En face, s'élève le *Mausolée d'Ahmed Shah I* le fondateur de la ville, le bâtiment carré est surmonté d'une coupole. Les trois sarcophages qui se trouvent à l'intérieur sont éclairés par une douce lumière qui filtre à travers les écrans en marbre ajourés des fenêtres. La tombe du milieu est celle d'*Ahmed I*, les deux autres sont celles de son fils et successeur, *Mohammed Shah* (1431-51) et de son petit-fils *Kutb Shah* (1431-59) tous sultans du Gujarat. Derrière, se trouve un petit mausolée contenant les tombes des épouses d'*Ahmed I*.

A l'ouest de Jama Masjid, on aperçoit la porte de *Tin Darwaza* qui permet de rejoindre une cour qui précède la citadelle de *Bhadar*.

En allant vers le sud, on passe devant la mosquée de *Destur-Khan*, un des vizirs du sultan Bigarha. On remarquera les marbres ciselés de la cour intérieure. Non loin de la porte de *Rajpur* se trouve

le Mausolée de Rani-Asni [7], souvent désigné à tort comme la tombe de *Rani Sipris*. Ce monument fut construit en 1514, un siècle après la plus ancienne mosquée d'Ahmedabad. Le mausolée, chef-d'œuvre de l'architecture islamique du Gujarat, fut construit par le puissant sultan Bigarha pour son épouse favorite. La décoration en marbre qui orne cette mosquée funéraire est une des plus somptueuses de l'Inde et peut être comparée à celle des plus beaux monuments de la cour impériale des Moghols.

La promenade se termine près de

la Mosquée d'Haibat Khan [8], située près de la porte de *Jamalpur* ; elle date de la première période de l'architecture islamique du Gujarat (XVe s.) et a ainsi conservé certains éléments propres à l'architecture hindoue. De nombreuses colonnes provenant de temples hindous ont été réemployées dans la salle de prière.

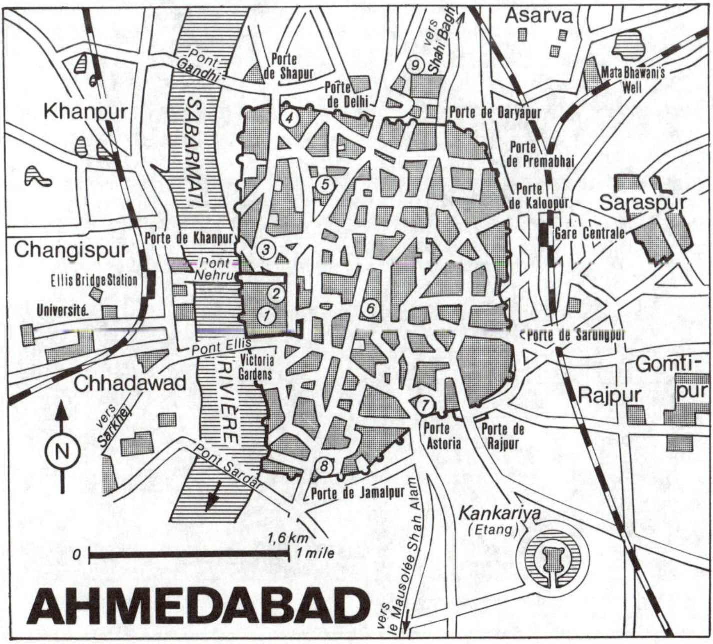

La ville possède de nombreux *Baoli* (puits souterrains) dans le faubourg d'Asaval, dont celui de Mata Bhawani, de Dada Hari (1435) et d'Adalaj (à 12 km au nord).

Ⓣ Tourist Office : H.K. House, Ashram road. Tél. 44.9683.

Les environs d'Ahmedabad

Si l'on veut visiter la rive orientale de la *Sabarmati,* il est recommandé de louer un taxi pour une demi-journée. Au-delà de la *porte de Delhi,* on commencera la visite par

le Temple Hathi Singh [9], construit en 1848. C'est un bel exemple d'architecture Jaïn du siècle dernier, de nombreuses tours et coupoles couronnent cette construction en marbre. A l'intérieur, sont exposés les portraits des 24 *Tirthankaras* et d'autres saints Jaïns.

Plus au nord, près des rives du fleuve, on trouvera plusieurs mosquées et mausolées datant des XVe et XVIe siècles, ainsi que le palais de *Shahjahan* (XVIIe s.) situé dans le parc *Shahi Bagh.* Au sud-est, on aperçoit les réservoirs d'eau de *Mata Bhavani* et la très belle fontaine de *Dada Haris Var.* Le plus grand et le plus beau réservoir de la ville est celui d'*Haus-i-Qutb,* connu aussi sous le nom d'*étang de Kankariya.*

D'autres buts d'excursion peuvent être :

Sarkhej, situé à une dizaine de kilomètres à l'ouest de la *Sabarmati.* Là, se trouvent le mausolée de *Mahmud Bigarha* et de son épouse favorite, *Rajabai,* ainsi que les tombes de plusieurs saints musulmans. On peut également voir le palais et le harem du sultan, ainsi que les jardins et pièces d'eau attenantes.

En chemin on s'arrêtera pour admirer les mausolées des architectes persans des sultans : *Azam* et *Muazzam Khan.*

Mont Abu (245 km de Ahmedabad). Appelé « l'Olympe de l'Inde », le Mont Abu est le lieu, depuis le XIe siècle, de pèlerinages *Jaïn,* avec de nombreux sanctuaires et temples de marbre blanc entourés de murs aveugles *(basti).* Le groupe principal est celui de Dilvara (voir aussi p. 66).

Deux expressions de l'art en Inde

Vishnou et Lakshmi (Khajuraho)

Gopuram en Inde du sud

JAIPUR, LA VILLE ROSE

Jaipur (428 m d'altitude ; 1 000 000 habitants) est la capitale du *Rajasthan.* La ville est de forme rectangulaire et divisée en blocs symétriques séparés par de grandes avenues rectilignes. Les murs et les portes de l'enceinte peints en rose ont donné à Jaipur son surnom de « cité rose du Rajputana ». Au Nord sur une chaîne de collines, s'élèvent d'anciennes fortifications.

HISTOIRE

Jaipur, la « cité de Jai » porte le nom de son fondateur, le prince astronome *Maharaja Jai Singh II* qui fit dessiner et construire la ville en 1727. La dynastie doit sa grandeur à son alliance avec les grands Moghols et plus tard avec les Anglais. Lors de l'indépendance, en 1947, le Maharaja régnant gouverna avec le titre de *Rajpramulch* (prince-gouverneur). Cette fonction fut abolie par la suite. Toutefois, l'influence de l'ancienne maison régnante reste toujours sensible à Jaipur.

VISITER JAIPUR

On commence la visite à *Chand Pol* « La porte de la lune » en direction de :

Ishwari Lath [1], une tour de sept étages munie de galeries, construite en 1745 par *Ishwari Singh* pour célébrer sa victoire sur son père. En franchissant :

Tripolia [2] une porte monumentale, on parvient au :

Palais de la ville [3] qui occupe un septième de la superficie de la ville. Le palais fut transformé en musée par le dernier Maharaja. Près de l'entrée, se trouve *Jantar Mantar,* le premier et le plus important des observatoires que *Jai Singh* fit construire en Inde. Les bâtiments qui forment le palais se groupent autour du *Chandra Mahal,* construction de sept étages ; ce sont le *Diwan-i-am* (salle des audiences privées), le *Mubarak Mahal* aux fines sculptures de marbre. Dans le musée, sont exposés des peintures rajpoutes

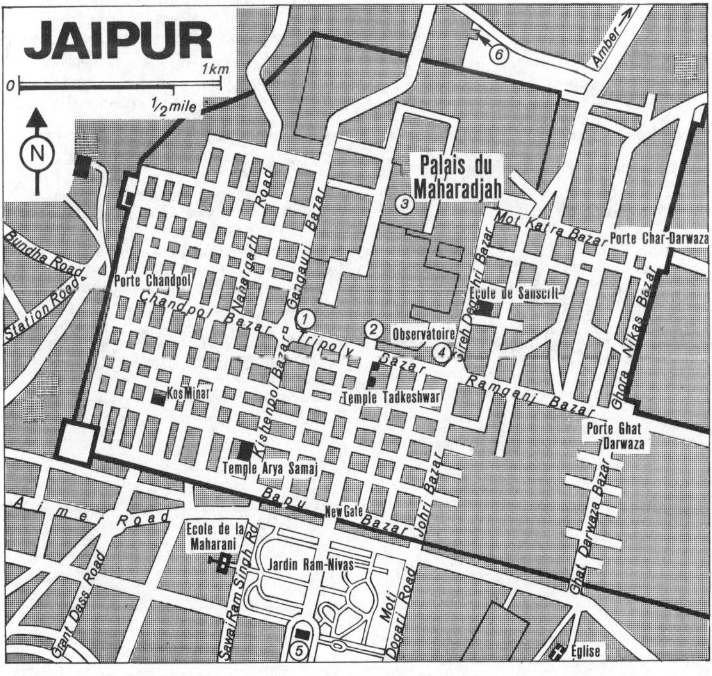

et mogholes, des manuscrits et des armes anciennes. A l'extérieur du palais, en direction du sud-est, se trouve :

Hawa-Mahal [4], « le palais des vents » constitué d'une simple façade pyramidale, percée de fenêtres grillagées. A l'extérieur des murs, près de *New Gate,* dans les jardins de *Ram-Nivas,* se trouve le **prince-Albert Museum [5]**, construction dans le style colonial (1888). En allant vers le nord-est près de :

Gaitor [6] on arrivera près des *Chhatris,* mausolées de marbre blanc des maharajas de la dynastie Singh.

Les touristes séjournant à Jaipur ne manqueront pas de faire une excursion à

Amber, à 25 km de Jaipur, l'ancienne forteresse des princes située sur une hauteur dans un très beau paysage ; l'accès au Palais s'effectue du fort d'Amber généralement à dos d'éléphant. Le Palais (XVIe-XVIIe s.) renferme de très belles pièces, notamment la salle d'audience princière, et la salle de réception, richement décorée de miroirs. Voir aussi : la porte du temple ou *Ganesh Pol* et le temple de *Kali* (photographie et objets en cuir interdits).

Ⓣ Government of India Tourist Office, State Hotel, tél. 72.200.

Le Palais des Vents

La vie intime de la femme à travers la miniature

La miniature indienne représente la femme de profil, parée de bijoux, fardée avec recherche, vêtue d'un pantalon collant ou de mousselines transparentes ou brodées. Chaque jour, elle doit s'oindre le corps d'huile parfumée, peigner ses longs cheveux, choisir les bijoux et les vêtements qu'elle doit porter selon un symbolisme bien établi. Elle est assistée de ses servantes qui la massent, lui teignent les pieds au henné. Le bain sert à se laver, à nettoyer ses vêtements ou apprendre à nager en se servant d'un vase vide comme flotteur. Lorsqu'il fait chaud, c'est le moment de la sieste. Alors qu'elle somnole, ses servantes l'éventent ; son époux vient parfois contempler sa beauté. Plus tard, ce sera la promenade dans les jardins ; elle fumera la pipe à eau, cueillera des fleurs pour parer sa coiffure, donnera des friandises aux animaux. A la nuit tombante, le maître rejoint son épouse dans le gynécée pour lui consacrer les derniers instants de la journée. Elle le rejoint sur une terrasse éclairée par le clair de lune, alors que les servantes ont commencé un concert. Après un entretien aimable et tendre, l'épouse rejoint ses appartements privés. Leurs ébats amoureux sont retracés par les peintres avec beaucoup de réalisme...

L'année, en Inde, est jalonnée de rites et de festivités. Au printemps, la femme touche du pied l'arbre en bourgeon, en tenant une des branches ; l'arbre fleurira grâce à ce contact féminin. Souvent, les couples se balancent sur des escarpolettes suspendues aux branches d'un arbre, la balançoire est assimilée à la course solaire et à l'arc-en-ciel. Parfois, les couples se poursuivent en se lançant des jets de poudre rouge à l'aide de seringues dorées, c'est la fête de la *holi*. A travers ces feuilles d'albums minutieusement peints, toute la vie de la femme surgit, avec son charme, sa beauté, son raffinement, qui reste encore aujourd'hui le propre de la femme indienne.

UN POÈME DE MARBRE BLANC : AGRA

Agra (169 m d'altitude ; 1 000 000 habitants) est située sur la rive occidentale de la *Yamouna* (Jumna) à 197 km de Delhi par la route. Agra est reliée à Delhi par un train « express » confortable dit Taj express (2 h de trajet , horaires commodes permettant d'effectuer l'aller-retour dans la journée).

HISTOIRE

Les débuts de l'histoire d'*Agra* se confondent avec l'époque de l'installation des « arya » dans la plaine gangétique (2e millénaire av. J.C.). Le Mahabharata (voir p. 21) connaît déjà un *Agraban sur la Yamouna.* En 1131 la ville fut pillée et incendiée par *Mahmud de Ghazni.* Au XVe s., le prince Rajput *Badal Singh* y installa une forteresse qu'il nomma *Badalgarh.*

Vers 1500 *Sikander Lodi* de Delhi transféra sa résidence près de ce fort *(Sikandra).* Par la suite les Moghols régnèrent sur ces territoires et en 1566 *Akbar* fonda l'actuel Agra dont il fit sa capitale. Sous le règne de son petit-fils *Shahjahan* (XVIIe s.), la splendeur de la ville atteint son apogée.

Aurangzeb transféra la capitale à Delhi. La ville fut conquise en 1761 par les *Jats* et en 1779 par les *Marathes.* En 1803 elle fut occupée par les Anglais.

VISITER AGRA

Il faut compter deux jours pour la visite d'Agra, de Sikandra et de Fatehpur-Sikri.

On peut commencer la visite par le :

Fort d'Agra [1], construit sous le règne d'Akbar (1565-74). La forteresse, qui compte parmi les plus grandes du monde, est entourée d'une double enceinte longue de près de 2,5 km. Le mur extérieur, haut de 12 m, est séparé par un fossé profond de 11 m et large de 9 m, de l'enceinte intérieure qui atteint une hauteur de 21 m. A l'origine près de 500 ouvrages de défense, complétaient ces fortifications. A l'ouest, se trouvait l'entrée principale la *Porte de Delhi,* mais l'on pénètre maintenant dans le fort par la porte d'*Amar-Singh* située au sud.

En suivant une rampe ascendante, on parvient au *Diwan-i-am* (salle des audiences publiques) situé au milieu d'une grande cour. On continue de monter jusqu'à *Moti Masjid,* une des plus belles mosquées de l'Inde, construite par *Shahjahan.*

En allant en direction du sud-est, on parvient devant *Nagina Masjid,* mosquée de marbre blanc qui était destinée aux femmes du harem d'Aurangzeb. On visitera ensuite les bains, qui sont fortement en-

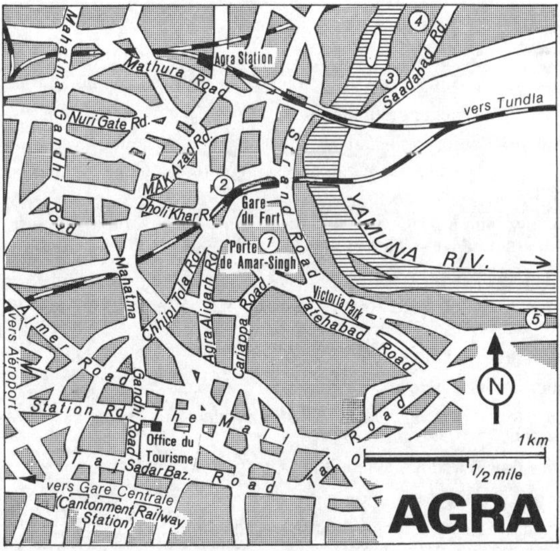

dommagés, pour arriver sur une terrasse sur laquelle ont été placés le socle en marbre noir *du trône* de *Jehangir,* et celui en marbre blanc de son vizir. Sur le côté sud de la terrasse, s'élève le *Diwan-i-khas,* la salle d'audience privée ; à l'ouest se trouve le *Machchi Bhavan* « Palais des poissons » une cour de 40 sur 50 m ornée autrefois de pièces d'eau et de bassins. Un escalier mène du Diwan-i-khas à *Musamman Burj* aussi appelée *Saman Burj* (tour octogonale ou tour du jasmin). C'est ici qu'Aurangzeb enferma son père Shahjahan qui au loin pouvait apercevoir le *Taj Mahal,* tombe de sa femme adorée Mumtaz Mahol ; suprême torture.

En franchissant *Shish Mahal* « le palais des miroirs », on arrive sur une terrasse. A l'est se trouve le *Khas Mahal* « Palais privé » construit pour Shahjahan en 1637. Il comporte trois pavillons : au centre, celui réservé à l'empereur ; des deux côtés, ceux destinés à ses filles, celui du sud à *Jehanara,* celui du nord à *Roshanara.*

Du Khas Mahal on a une vue superbe, à l'est sur le fort et la Yamouna, à l'ouest sur *Anguri Bagh* « le jardin des vignes » qui était à l'époque Moghole un jardin de plaisance orné de petits canaux et de fontaines.

Ce jardin est entouré par les appartements du harem et par *Mina Masjid,* une mosquée miniature élevée par Aurangzeb. Au sud d'Anguri Bagh, a été construit à la fin du XVIe s. le *palais de Jehangir.* C'est un bâtiment en grès rose décoré de motifs s'inspirant de l'art hindou. Juste devant le palais, on aperçoit *Jehangiri Hauz,* un bassin en porphyre destiné à *Nourjahan,* épouse de l'empereur.

L'essentiel des mots courants pour mieux connaître l'Inde musulmane

Aiwan : palais s'ouvrant sur une cour. Hall d'assemblée.

Bagh : jardin d'agrément.

Cenotaphe : réplique vide d'un sarcophage.

Chadar : glissoire d'eau en marbre.

Charbagh : jardin carré divisé en quatre parties.

Chaya : gouttière posée sur les consoles des façades.

Chilpa chastras : livre d'enseignement hindou sur l'architecture.

Gol gumbaz : coupole ronde.

Jali : fenêtre en pierre ajourée.

Liwan (iwan) : grand hall de prière dans une mosquée ou niche de portail d'un corps de bâtiment.

Mahal : maison, palais.

Masjid : mosquée.

Mihrab : niche creusée à l'ouest de la mosquée en direction de La Mecque.

Minar : tour d'une mosquée (minaret).

Minbar : chaire depuis laquelle l'Imam prononce le sermon du vendredi.

Moghole : dynastie créée par Babur (descendant de Tamerlan) qui a régné sur l'Inde de 1526 à 1858.

Mongole : dynastie qui régna en Iran de 1256 à 1353. Favorable d'abord au christianisme et au bouddhisme, elle se convertit à l'Islam au XIIIe s.

Pachisi : jeu indien sur damier.

Pendentif : triangle ménagé entre les arcs qui supportent une coupole et permet de passer du plan carré au plan circulaire.

Pietra dura : travail d'incrustation des pierres dans le marbre (ou intarsis).

Sahn : cour d'une mosquée.

Stalactite : (ou *mukarna*) réseau de petites niches ou trompes comme élément d'ornementation.

Tawaf : rite de la circumanbulation autour de pierres sacrées.

Trompe : niche aménagée au-dessus d'un angle.

Ummah : ensemble de la communauté musulmane.

On quittera le fort, de nouveau par la *porte Amar Singh,* pour jeter un coup d'œil sur l'impressionnante *porte de Delhi,* flanquée par deux tours octogonales ornées de galeries destinées à des musiciens *(Naubat Khana).*

En face de la porte de Delhi, près de la gare du fort d'Agra, est située :

Jama Masjid [2]. Cette *mosquée du Vendredi* fut construite par *Shahjahan* pour sa fille favorite *Jehanara* en 1648. La mosquée en grès rose est décorée de marbre. Les cinq portails de la salle de prières s'ouvrent sur la cour intérieure. Trois coupoles, des pavillons et des tourelles ornent la toiture de ce monument qui n'est pas pourvu de minaret.

En franchissant le pont sur la *Yamouna,* on parvient sur la rive gauche où se trouve le :

Mausolée du Itimad-ud-Daula [3]. *Nourjahan* épouse de *Jehangir* fit construire ce tombeau pour son père *Mirza Ghias Beg,* ministre des Finances (Itimad-ud-Daula) du grand moghol, et pour sa mère *Asmat-ul-Nissa.*

Une importante porte en grès rose s'ouvre sur les jardins qui entourent le mausolée ; celui-ci de forme rectangulaire s'élève sur une grande plate-forme. Des tours octogonales sont situées aux quatre angles de la construction, surmontée au centre d'un pavillon dont la toiture a la forme d'un baldaquin.

Toutes les façades sont recouvertes de plaques de marbre, incrustées de pierres semi-précieuses. C'est le plus ancien exemple du style décoratif dit « Pietradura » réalisé en Inde par les maîtres d'œuvres persans. Les murs de la construction centrale sont ornés de versets du Coran taillés en relief dans le marbre, et les toitures étaient peintes en or et en argent. Au centre du mausolée se trouvent les sépulcres des parents de *Nourjahan.*

Du haut des tours, une belle vue s'offre sur la ville, au-delà du fleuve.

A 1 km environ au nord, est situé :

Chini-ka-Rauza [4], le tombeau de *Afzal-Khan,* grand vizir de Shahjahan, et de son épouse. Le décor en faïence qui orne le mausolée fait qu'on l'a surnommé le « tombeau chinois ». Plus loin vers le nord, l'on atteint le jardin de *Rambagh* où est situé l'ancien tombeau de *Babour.* Dans la partie orientale d'Agra se trouve le joyau de la ville, le :

Taj Mahal [5]. C'est en 1630 que *Shahjahan* ordonna qu'on élevât à la mémoire de son épouse favorite *Arjumand Banu,* surnommée *Mumtaz Mahal* (la couronne du palais), un monument funéraire qui devait dépasser en beauté tout ce qui avait été réalisé jusqu'alors.

L'Inde à l'origine de la science moderne

Les mathématiques apparaissent en Inde dès l'âge des *Veda,* lorsqu'il faut faire des mesures précises pour construire les centres de sacrifices rituels. A la fin du Ve siècle, le système décimal est codifié par Aryabhatta ; jusqu'au XIIe siècle, d'autres savants se pencheront sur la signification des quantités positives ou négatives, l'extraction des racines carrées et cubiques ; enfin, les propriétés du zéro et de l'infini. En astronomie, si les signes du zodiaque sont issus des Grecs et des Romains, les Indiens sont à l'origine de la description des équinoxes, la prédiction des éclipses, les mouvements des planètes sans l'usage du télescope.

En médecine, l'Inde est à l'origine de la science de la longévité *(Ayurveda)* depuis l'époque des *Veda.* Le *yoga* a fourni de précieuses indications sur le rôle de la respiration, la circulation du sang, le système nerveux. La médecine indienne repose sur l'étude des *dosha* (humeurs) et des *guna* (ingrédients naturels). L'équilibre entre les trois *dosha* (souffle, sang et salive) est gage de bonne santé. Les *guna* se composent de *sattva* (pureté), *raja* (passion) et *tama* (apathie) ; chez un individu sain, le premier doit dominer les deux autres. Tout le rôle du médecin consiste à garantir cet équilibre par la prescription du choix des aliments, d'exercices physiques et de médicaments.

L'empereur fit appel, croit-on, à un architecte européen *Austin de Bordeaux* et à un architecte persan *Ustad-Isa.* D'après une autre tradition, ce serait Shahjahan lui-même qui aurait conçu le monument. Quoi qu'il en soit, les travaux durèrent des années et des milliers d'ouvriers et d'artisans y participèrent. Quant au coût de la construction, il dut être énorme. Le mausolée, situé à l'extrémité d'un jardin longeant la *Yamouna,* mesure 400 sur 500 m. Les trois autres côtés sont bordés de hauts murs en grès dans lesquels s'ouvrent trois portes monumentales.

On pénètre dans l'enceinte par la porte occidentale, près de laquelle se trouve la *mosquée Fatehpuri,* et la tombe de *Satulnisa Khanan,* gouvernante de *Jehanara.*

Après avoir traversé la cour d'entrée (290 × 120 m), on franchit *Taj Gate,* porte monumentale haute de près de 30 m. De sa toiture, s'offre une vue superbe sur l'ensemble du mausolée.

On débouche ensuite sur les jardins irrigués par des canaux et des bassins, en face du *Taj Mahal,* chef-d'œuvre incontestable de l'architecture indo-islamique, dont la réputation méritée est largement répandue au-delà des frontières de l'Inde.

Le mausolée s'élève sur une plate-forme en grès rose et en marbre, large d'une centaine de mètres. Construit sur un plan octogonal, comportant quatre façades larges et quatre façades plus étroites, il donne ainsi l'impression d'une construction carrée dont les angles auraient été coupés. La hauteur des façades est de 32,5 m. La coupole dont le sommet atteint 56 m de haut se rattache au type de coupoles créées antérieurement au Turkestan russe à Boukhara et Samarkande. Pavillons et tourelles ornent les toitures. Les façades sont équilibrées par de grands arcs outrepassés séparant des niches superposées plus petites.

A chaque angle de la plate-forme supérieure s'élève, jusqu'à hauteur du tambour de la coupole, un minaret haut de 41 m.

L'ensemble des murs est recouvert de plaques de marbre, dans lesquelles ont été incrustés des motifs décoratifs en pierres semi-précieuses (technique de la *pietra-dura*) représentant des fleurs, des rinceaux et des versets du Coran.

Le mausolée du Itimad-ud-Daula

Dans une crypte souterraine, se trouvent le sarcophage de *Shahjahan* et celui plus petit de *Mumtaz Mahal*. Juste au-dessus, au niveau de la plate-forme supérieure, sont installés les cénotaphes en marbre blanc ornés d'inscriptions coraniques et de dessins floraux. Ces cénotaphes sont entourés d'un écran ajouré sculpté dans le

La grande famille des Empereurs moghols

Nom de l'empereur	Son règne	Sa contribution artistique
Babur (1526-1530)	Maître de Kaboul, du Ferghana. Victoire de Panipat contre le Sultan de Delhi (1526).	« Livre de Babur » (description de l'Asie Centrale et de l'Inde) ou Mémoires.
Humanyun (1530-1556)	Vit surtout en Perse. Combat contre les Afghans. Premier empereur enterré en Inde, à Delhi.	Introduit la miniature persane. Tombe-jardin monumentale. Son tombeau de style indo/islamique.
Akbar (1556-1605)	Conquête de tout le nord du sous-continent indien (de Kaboul au Bengale). Bâtisseur - Humaniste - Collectionneur - Réformateur.	École de peinture. Religion universelle *(Din-i-Ilhali)*. Construit Fathepur Sikri, le Fort Rouge d'Agra. Tombeau à Sikandra (Agra).
Jahangir (1605-1627)	Continue l'œuvre de son père. Échanges diplomatiques avec les Portugais de Goa.	Tombeau *Imad-ud-Daulab* (Agra). Jardins Shalimar (Cachemire). Fort Rouge (Agra).
Shah Jahan (1627-1657)	Guerres à Lahore, au Deccan. Administrateur - sens de la justice.	Fort Rouge (Agra-Delhi). Mausolée du Taj Mahal pour son épouse Arjumand. Chahjahanabad (vieille Delhi). Mosquée de Delhi.
Aurangzeb	Gouverneur du Deccan et du Gujarat. Aurangabad. Guerres contre les Rajas hindous du Rajasthan. Austère - fanatique.	Mosquée de Varanasi. Mosquée Moti Masjid (Fort Rouge d'Agra).

marbre et éclairé par une lumière tamisée qui tombe de fenêtres ajourées. La réputation du *Taj Mahal* n'est pas surfaite et un dicton populaire dit « s'il n'y avait en Inde que le Taj Mahal, cela suffirait pour justifier un voyage ».

Ⓣ Government of India Tourist Office, 191, The Mall (tél. : 72377).

Les environs d'Agra

De nombreux monuments en ruines datant de l'époque Moghole sont disséminés dans la campagne autour d'Agra. De-ci, de-là, on remarque encore le long des routes des *Kos minar* qui sont d'anciennes bornes datant de l'époque d'Akbar. A 9 km à l'ouest de la ville, est situé le :

Mausolée d'Akbar, construit en 1613 sur le site de *Sikandra*. La porte d'entrée, située juste au bord de la route, est pourvue d'une façade richement décorée conçue par *Jehangir* lui-même. Les quatre minarets des angles semblent un peu déséquilibrés par rapport au bâtiment lui-même, situé au milieu du *parc de Bahistabad*.

Le monument était censé comporter des éléments d'architecture hindoue, bouddhiste, jaïna et islamique dans une sorte de « style syncrétique ».

Au cinquième étage du mausolée, se trouve le cénotaphe de marbre d'Akbar, décoré avec les 99 noms d'Allah. La face du socle supportant le sarcophage était autrefois enrichie du fameux diamant *Koh-i-noor*. La sépulture de l'empereur se trouve dans une crypte accessible aux visiteurs.

A quelque 37 km à l'ouest d'Agra on parvient à :

Fatehpur Sikri, « la ville morte ». Akbar y transféra sa résidence en 1569. Après la mort de l'empereur, la ville fut, sans doute, à cause du manque d'eau, complètement abandonnée. Grâce à cet abandon elle ne fut pas détruite au cours des multiples guerres qui se déroulèrent à la fin de l'époque moghole et a pu devenir une cité-musée, témoin de la splendeur de la cour impériale au XVIe s. On franchit d'abord les murs extérieurs de la cité et l'on commence la visite près du *Diwan-i-am* au nord-est du palais ; de là, on continue jusqu'à la *cour de Pachisi* où se trouve un échiquier géant animé autrefois par des danseuses figurant les pions.

Au centre du *Diwan-i-khas,* se trouve un pilier central sur lequel était placé le trône d'Akbar. En allant vers le sud, on arrive devant *Panch Mahal* un bâtiment à cinq étages, l'école du harem juste à côté d'une pièce d'eau et des appartements du grand Moghol lui-même. Plus à l'ouest, on pourra visiter les résidences des favorites, des ministres, ainsi que celles de l'astrologue et des poètes attachés à la Cour.

La grande *Jama Masjid* contient les tombeaux de *Selim Chishti* et de *Islam-Khan.* On quitte la mosquée par *Buland Darwaza* (la porte des victoires) qui, avec son escalier, mesure 53 m de haut, et est réputée être la plus grande porte de l'Asie. De ce seuil, on a une vue splendide et par temps clair, on peut, avec des jumelles, apercevoir au loin la coupole du *Taj Mahal.*

LE SACRÉ A VARANASI (BÉNARÈS)

Bénarès (82 m d'altitude ; 700 000 habitants) à qui l'on a redonné son nom d'origine **Varanasi**, est pour les Hindous la « ville sainte » par excellence. Située sur la rive gauche du *Gange,* la ville est orientée en direction de l'ouest vers les rives du grand fleuve bordé par les escaliers des *Ghats* dont les marches descendent jusqu'au bord de l'eau. Le « fleuve sacré », les ghats, et la vieille ville « gali » avec ses nombreux temples donnent à *Bénarès* son atmosphère unique au monde. La ville est un lieu de pèlerinage célèbre dans toute l'Inde. Chaque Hindou désire au moins une fois dans sa vie pouvoir se laver de ses péchés dans ces « eaux sacrées » ou mieux encore terminer son existence en ce lieu tout imprégné d'esprit religieux. Aussi, nombreux sont les vieillards qui attendent leur dernière heure dans des hospices et le suprême bonheur d'être incinéré sur les bords du plus sacré des fleuves, et l'on prétend que celui qui meurt à Bénarès ne se réincarne plus.

Pour le visiteur étranger, il semble que rien depuis des millénaires n'ait changé en ces lieux, quand il contemple sur les marches des ghats les brahmanes récitant des formules rituelles, à la demande des fidèles, les yogis méditant face au soleil levant, les sadhous (ascètes-mendiants) nus et couverts de cendres, l'emblème de Çiva dessiné sur le front, errant entre les vaches sacrées, ainsi que la multitude des pèlerins faisant leurs ablutions purificatrices.

De l'aube à la nuit tombée, quand les derniers bûchers funéraires scintillent au lointain dans la brume, l'étrange fascination qu'exerce Bénarès la sainte ne laisse aucun visiteur indifférent.

HISTOIRE

La tradition hindoue veut que Bénarès soit la plus « ancienne ville du monde » ; quoi qu'il en soit, les épopées du *Mahabharata* et du *Ramayana* connaissaient déjà le site sanctifié depuis la plus haute antiquité comme lieu du « sacrifice des dix chevaux » *(Dashaswamedh).* D'après la légende, un prince inspiré par Çiva et Brahma, célébra ici ce rituel et acquit ainsi un pouvoir surnaturel sur les dieux qu'il chassa de la contrée. Bénarès est aussi un lieu saint pour les bouddhistes car c'est à *Sarnath,* à quelques kilomètres de la ville, dans le parc aux gazelles, que le Bouddha prêcha pour la première fois sa doctrine (VIe s. av. J.C.). Les pèlerins chinois Fa-hien (Ve s.) et Hian-tsang (VIIe s.) visitèrent Sarnath et témoignèrent dans leurs récits de la splendeur des stupa et des monastères habités par des milliers de moines. Au IXe s., à l'époque du déclin du bouddhisme en Inde, le réformateur et philosophe hindou *Shankaracharya* vint à Varanasi dans le but de redonner une nouvelle vigueur au culte de Çiva.

Les invasions islamiques du XIIe s. amorcèrent le déclin de la cité sainte. Au XVIIe s. Aurangzeb déchaîna sa colère contre les « idolâtres » et fit raser ce qui restait encore de monuments hindous dans la ville.

La renaissance de l'hindouisme aux cours des XVIIIe et XIXe siècles entraîna la reconstruction de nombreux temples. L'université hindoue retrouva aussi son activité ainsi que les *Dharmsala* (auberges pour les pèlerins).

De nos jours, plus de dix mille brahmanes enseignent à Varanasi, qui reçoit chaque année plusieurs millions de pèlerins venant de toutes les provinces du pays.

VISITER BÉNARÈS

La visite de *Varanasi* peut se faire en une journée. On commencera la visite très tôt au lever du soleil, par une promenade en bateau sur le *Gange.*

La visite de la vieille ville se fait en voiture et à pied, en partant du *Cantonment,* où se trouvent la plupart des hôtels. On commencera par :

Bharatamata Mandir « temple de notre mère l'Inde » **[1]**, qui contient une carte de marbre en relief du pays, de l'*Himalaya* au *Cap Comorin.* En allant en direction du sud, on passe devant l'*Institut Théosophique* et le palais *Vizayana-Garam,* pour arriver au :

Temple de Dourga [2], sanctuaire du XVIIIe s. a été construit tout à côté du « bassin sacré » de *Dourga* (ou *Kali*), forme terrible de la déesse *Parvati.* Les nombreux singes plus ou moins apprivoisés qu'on y voit ont fait que ce sanctuaire a été surnommé le « temple des singes ».

Encore plus au sud, se trouve :

l'Université hindoue de Bénarès [3], dont les bâtiments et le campus moderne ont été construits depuis 1916. Un temple dédié à Çiva se trouve au centre de l'Université. Sur la rive opposée du Gange, se trouve

le Palais Ramnagar [4], ancienne résidence des maharajas de Varanasi. On prendra ensuite *Asi-road* en direction de la vieille ville jusqu'à proximité de la place *Mir Ghat,* où l'on peut faire attendre le taxi. A travers des ruelles étroites et tortueuses toujours très animées, on se fera guider jusqu'au :

Temple Vishwanath [5], le plus important sanctuaire de Bénarès, dédié à « Çiva souverain Universel » *(Vishweshwara).*

La tradition veut que le temple existait déjà à l'époque où vivait le Bouddha et même plus tôt. L'ancien sanctuaire fut probablement détruit par Alu-ud-din Khilji au XIIIe siècle. Le bâtiment actuel fut élevé par la Maharani d'Indore en 1750. L'entrée du temple est réservée aux Hindous, mais l'on peut jeter un coup d'œil à l'intérieur de l'enceinte à partir d'un balcon d'une maison voisine pour admirer les toitures et la coupole dorées du temple que l'on nomme aussi le « temple d'or ».

Dans la cour du temple on aperçoit le « puits de sagesse » *Gyan Kup* dont l'eau est censée conférer la sagesse à ceux qui la boivent. Derrière le temple se trouve la *Grande mosquée d'Aurangzeb* devant laquelle se trouve une statue du taureau *Nandi* la monture de Çiva. On rend également hommage près de là à une statue noire de *Sani,* la planète Saturne et à la déesse de l'abondance *Annapurna* dans son temple proche, cette déesse a été chargée par Çiva de veiller à ce que Bénarès ne manque jamais de vivres. On reviendra vers le taxi pour rejoindre son hôtel ou visiter une des fameuses boutiques de soieries et de brocards *(Kinkhab* et *Kalabatun)* de Bénarès.

Promenade sur le Gange

L'eau a un pouvoir magique pour les Hindous et parmi toutes les eaux, celles du Gange sont les plus saintes. L'eau du Gange lave de tout péché passé, présent et à venir, grâce à la naissance de la déesse Ganga sur la Terre. Dans la mythologie, la « mère de l'Inde » serait descendue des cieux ; Shiva en aurait canalisé le flot avec ses cheveux. Ainsi, Bénarès, la cité de la mort, la cité de Shiva, seigneur de la destruction, est la ville des *ghats.* Sur ces escaliers, on vient finir ses jours pour être délivré du cycle des renaissances *(karma)* en vénérant tous les dieux et déesses. Dans cette cité grouillante de fidèles où la vie et la mort cohabitent, les pèlerins appartenant à toutes les tendan-

ces de l'hindouisme viennent parcourir la ville à pied en commençant par le sud et en s'arrêtant aux cinq *ghats* sacrés. A chaque halte, le pèlerin se baigne rituellement ; puis il doit se rendre au temple de Vishvanath. Le pèlerin peut également faire le tour de Bénarès à pied durant six jours, en une véritable circumambulation, et visiter les 108 sanctuaires érigés à travers la ville.

On se fera amener tôt le matin en taxi sur les *ghats* pour louer une embarcation près de :

Dashaswamedh ghat [6] nommé ainsi en souvenir du « sacrifice des dix chevaux ». C'est l'un des cinq ghats sacrés où tous les pèlerins se doivent d'accomplir les ablutions et les rituels prescrits avant d'accomplir la circombulation autour de la ville le long de *Panch-Kosi street*.

Dès l'aube, une multitude de fidèles se masse aux endroits les plus sacrés, tournés vers le fleuve face au soleil levant ; hommes et femmes tiennent dans leurs mains le « lota », récipient destiné à recueillir les eaux sacrées qu'ils répandent ensuite sur leur tête en récitant d'interminables prières. Puis ils se rincent la bouche avec l'eau du Gange, qu'ils rejettent ensuite dans le courant. Sous de grands parasols, les brahmanes, intercesseurs auprès des dieux, attendent les fidèles.

On remontera d'abord le fleuve le long des marches animées de la rive, jusqu'à hauteur de *Hanuman ghat* où s'élève le temple dédié au dieu à l'aspect de singe. *Çivala ghat* se trouve près d'un fort où en 1781 *Warren Hastings* assiégea le raja de Bénarès (voir p. 11). Ici s'assemblent souvent les yogi pour leurs exercices.

Une partie de *Tulsi ghat*, nommé d'après le poète du XVIIe siècle, Tulsidas, s'est effondrée. Près de :

Asi ghat [7], les bateaux font demi-tour pour redescendre le courant en direction du nord jusqu'à *Man Mandir ghat* où se trouve un observatoire construit par le maharaja *Jai Singh* au XVIIIe siècle.

Manikarnika ghat [8] est un des endroits les plus saints de la ville ; ici, la déesse *Parvati* perdit une de ses boucles d'oreilles que son époux *Çiva* retrouva par la suite. La sueur du dieu est à l'origine de la source qui se trouve en cet endroit. Non loin de là, on montre aux croyants l'empreinte dans le marbre de *la plante des pieds du dieu Vichnou « Charan paduka »*. Plus loin, on arrive aux *lieux de crémation*, les morts y sont incinérés en présence de leur famille et les cendres jetées dans le fleuve. Il est déconseillé de photographier ces scènes. Plus loin, on arrive à :

Panchganga ghat [9], où les cinq fleuves sacrés de l'Inde sont supposés se rencontrer symboliquement. Près de là, on aperçoit les minarets de la « petite mosquée d'Aurangzeb » *(Alamgir Masjid)*.

Si l'on dispose de suffisamment de temps, on peut continuer la promenade jusqu'à *Barna Sangam ghat* ou retourner à *Lalita ghat*, d'où l'on continue la promenade à pied jusqu'au

Temple népalais, construction en bois dans le style du royaume himalayen, pourvu d'une double toiture incurvée et décorée de sculptures érotiques.

De là, on reviendra à *Dashaswamedh ghat* où l'on trouvera un taxi pour revenir à l'hôtel.

Ⓘ Government of India Tourist Office, 15-B, The Mall. Tél. 64.189.

Le Gange, fleuve de l'avenir

« Le Gange est le fleuve de l'Inde aimé de son peuple autour duquel s'entrelacent ses souvenirs collectifs, ses espoirs et ses craintes, ses chants de triomphe, ses victoires et ses défaites. Le Gange a été un symbole de la culture et de la civilisation indienne à travers les siècles, toujours changeant, toujours s'écoulant et néanmoins toujours le même. Le Gange a été pour moi un symbole et un souvenir du passé de l'Inde se précipitant dans le présent et s'écoulant dans le vaste Océan de l'avenir. Je suis fier du grand héritage qui a été et demeure le nôtre. J'ai conscience aussi du fait que moi-même, comme nous tous, suis un maillon de la chaîne ininterrompue qui remonte jusqu'à l'aube de l'histoire dans le passé insondable de l'Inde. Cette chaîne, je refuse de la briser car je la vénère, j'y cherche mon inspiration. Pour témoigner de ce désir et pour rendre un dernier hommage à l'héritage culturel de l'Inde, j'exprime cette volonté qu'une poignée de mes cendres soit jetée dans le Gange, à Allahabad, pour être emportée vers le vaste océan qui baigne les rivages de l'Inde. »

Testament de Jawaharlal Nehru

Sarnath

A 7,5 km au nord de Bénarès se trouve un des lieux saints du Bouddhisme : *Sarnath* où le Bouddha prêcha pour la première fois dans le « parc des gazelles ». Açoka, ardent bouddhiste imposa cette religion à toute l'Inde ; aujourd'hui elle y est presque éteinte (1 % d'adeptes).
Dès l'époque *d'Açoka* (IIIe siècle av. J.C.) et sous le règne *des empereurs Gupta* (IVe-VIe siècle ap. J.C.) on y éleva de nombreux monastères, et de grands stupa.

Détruit à l'époque de la conquête musulmane, le site fut redécouvert en 1794 et restauré après d'importantes fouilles archéologiques. Les plus belles découvertes sont abritées dans un **musée** qu'il ne faut pas manquer de visiter. On prendra un taxi qui empruntera *Gazipur road,* franchira la *Varuna* et dépassera à main droite

Chaukhandi stupa qu'Akbar fit surmonter d'une tour octogonale en mémoire de son père *Houmayoun.* Après avoir tourné en direction de l'est, on arrive au :

Musée de Sarnath qui abrite une des plus belles collections d'art bouddhique du pays. On remarquera en particulier les statues du Bouddha et de Bodhisattva d'époque Gupta (IVe-VIe s. ap. J.C.) célèbres dans le monde entier ; le chapiteau aux lions qui surmontait une des colonnes d'Açoka et qui est devenu l'emblème de l'Inde. En face du musée, se trouve le site des fouilles, on commencera la visite par :

Dhamek Stupa dont le dôme haut de 46 m, s'élève sur un soubassement circulaire (diamètre 28 m, hauteur 12 m). Le décor géométrique et floral du stupa date de l'époque Gupta (V^{e}-VIe s. ap. J.C.).

A proximité du stupa, se trouve un temple jaïn moderne ; on visitera ensuite les vestiges des *Monastères bouddhiques.* Les principaux sont le *Dharmachakra-Jin-Vihara* (monastère de la roue de la loi) et le *Mulagandhakuti* qui ont été construits sur un plan identique : une cour centrale carrée bordée sur trois faces de rangées de cellules pour les moines et sur le

Mulagandhakuti

dernier côté, où se trouvait l'entrée, une salle de réunion pour les religieux. Les briques du

Stupa d'Açoka furent réutilisées par le raja *Jagat Singh.* De ce fait, il ne reste pas grand-chose du monument ; toutefois, on aperçoit, près du sanctuaire, le soubassement de la colonne que surmontait le chapiteau conservé au musée. Sur cette colonne, on peut lire le texte d'un édit de l'empereur *Açoka* concernant le respect de la loi bouddhique et des règles régissant la communauté monastique. *Sarnath* continue à être un lieu de pélerinage pour les bouddhistes de nombreux pays d'Asie ; aussi y trouve-t-on des auberges destinées à ces derniers, ainsi qu'un sanctuaire moderne décoré de fresques illustrant les événements principaux de la vie du Bouddha, un temple chinois et un monastère destiné aux moines tibétains.

L'INDE DES RÉALITÉS : CALCUTTA

Calcutta est située sur la rive gauche du fleuve *Hooghly*, à 130 km du golfe du Bengale. La ville, qui comptait 4 millions d'habitants il y a encore quelques années, est peuplée de nos jours de plus de 8 millions de personnes, par suite de l'arrivée de nombreux réfugiés. Ceci fait de *Calcutta* la ville la plus surpeuplée de l'Inde. La visite de cette métropole ne manquera pas d'impressionner fortement la plupart des visiteurs, qu'il convient de mettre en garde, avant de porter un jugement trop hâtif sur la ville, après un séjour de trop courte durée.

HISTOIRE

L'histoire de Calcutta, comparée à celle d'autres cités de l'Inde, est très récente. Fondée en 1690 par un marchand de la Compagnie de l'Inde Orientale, dans le *Sundarban* ou delta du Gange, *Calcutta* doit à sa situation, son importance et le rapide accroissement de sa population. En 1780, on y éleva le *Fort William* qui devint le siège du gouvernement général du Bengale, et plus tard, celui du vice-Roi des Indes. Jusqu'en 1911, Calcutta fut capitale des Indes britanniques, et a conservé depuis lors sa place de premier port et de centre commercial le plus important du pays. Après l'indépendance, la séparation de la partie orientale du Bengale et de l'Inde fut à l'origine de sérieuses difficultés dont les conséquences se font encore sentir de nos jours, en particulier la surpopulation, le chômage, la disette et la radicalisation politique. Calcutta n'en est pas moins restée une ville dynamique et vivante, premier centre financier économique et culturel de l'Inde.

VISITER CALCUTTA

Il faut compter deux à trois heures pour un tour de la ville en taxi. On commencera la visite par :

Dalhousie Square [1], le centre de la ville. Le milieu de la place est occupé par un bassin quadrangulaire. Au nord, est situé le *Writers'Building* (administration du Bengale oriental).

Au nord-ouest, la poste centrale : au sud, l'office des télégraphes et téléphones. En prenant *Council House street* on arrive à :

Raj Bhavan [2], ancien siège du gouvernement anglais du Bengale, construit vers 1800 et maintenant passé à l'administration indienne.

A l'est, on aperçoit l'*Hôtel de ville*, la *Cour suprême*, et les bâtiments du *Conseil d'Etat*. Au sud, s'étend le *Maidan* un grand espace vert parsemé de pièces d'eau et de bâtiments divers datant de l'époque coloniale.

A l'angle nord-est, s'élève la *colonne d'Ochterlony* (haute de 46 m) commémorant la campagne du Népal (1812-1814). Au centre du Maidan, s'élève *le Fort William*, la citadelle de Calcutta. En allant vers le sud, on arrive au :

Victoria Memorial [3], dédié à la reine d'Angleterre et impératrice des Indes. Ce monument en marbre blanc fut construit dans un style hybride anglo-moghol entre 1906 et 1921, d'après les plans de *William Emerson*. Ce monument grandiose est un vrai symbole de l'ère victorienne en Inde. A l'est du mémorial, s'élève la *cathédrale anglicane St-Paul*, qui date de 1847. On y conserve de nombreux souvenirs de l'époque de la splendeur britannique.

Si l'on continue en direction du sud, on arrive au *jardin zoologique* le plus important de l'Inde. Encore plus au sud, on aperçoit :

le Belvédère [4] construit au XIXe s. et résidence temporaire des gouverneurs. Il abrite maintenant la bibliothèque nationale et ses 8 millions de volumes.

Plus loin à l'est, dans un quartier populaire, se trouve **le Temple de Kali [5]**, construit en 1809. Le sanctuaire de la déesse, très restauré, est surmonté de deux toitures en forme de baldaquin. On y sacrifie encore de nos jours des animaux à la divinité.

Encore plus loin vers le sud-est, on passera près des *Dhakuria Lakes*, où l'on pourra se reposer un instant avant de continuer, à 4 km de là, jusqu'aux :

Temples Jaïn [6], constructions pittoresques en marbre, faïence et bronze, décorées de miroirs et de colonnettes, surmontées de tourelles et de pavillons, situées au milieu de jardins agrémentés de pièces d'eau. Les temples sont nommés d'après les fameux *Tirhankaras* (voir p. 20), *Shitalnathji, Parasnath*.

Revenant vers le centre, nous passons près de :

College square [7], où se trouve l'université. Dans des jardins attenants, est situé le « palais de marbre », où sont exposés des tableaux. Près de là, se trouve

la Mosquée Nakhoda [8], impressionnante construction pouvant abriter jusqu'à dix mille fidèles. De l'un des deux minarets, haut de 46 m, on a une belle vue sur la ville ; à l'ouest de *l'Hooghly* et du *pont Howrah* long de 450 m, construit en 1941, le long des rives du fleuve, s'étendent sur des kilomètres les installations portuaires.

Autour de *Chowringhe road,* le quartier des bazars, on trouvera d'innombrables boutiques. Enfin un séjour à *Calcutta* serait incomplet sans la visite du :

Musée Indien [9], le plus grand du pays, qui donnera un aperçu complet de l'histoire culturelle de l'Inde ; on y admirera, entre autres, les sculptures provenant du *stupa de Bharhut.* Le musée renferme en outre des collections minérologiques et zoologiques, ainsi qu'un fonds d'arts populaires.

Le quartier autour du musée est le plus agréable de Calcutta. La Société Asiatique y a son siège (importante bibliothèque sur le sous-continent indien).

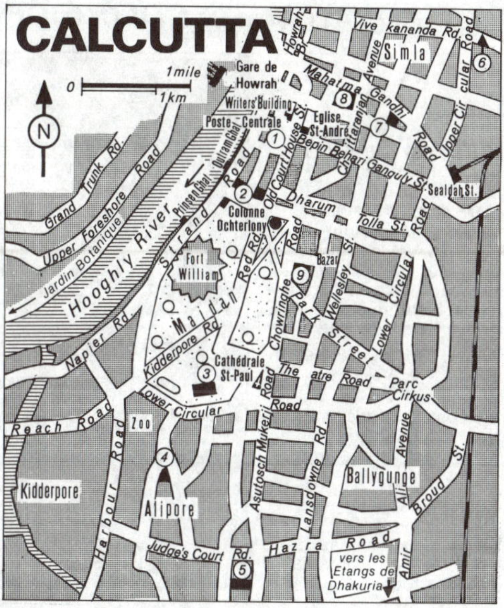

Les environs de Calcutta

1. Le jardin botanique. Sur la rive droite du fleuve, à environ 4 km du pont Howrah, se trouve le jardin botanique fondé en 1786. Il contient un des plus grands *Banyan* (ficus indica) du monde ; haut de 26 m, il possède plus de 600 racines, et couvre une superficie de 7 500 m^2. On peut également parvenir au jardin par le fleuve, en louant un bateau à moteur à *Chandpal* ou *Takta ghat.*

2. Belur Math (12 km), sur la même rive, est un centre d'études philosophiques, consacré à l'enseignement de *Rama Krishna* et *Vivekananda.*

3. Ganga Sagar (116 km de Calcutta), possède un célèbre pèlerinage au moment du *makarasankranti,* à la mi-janvier ; une grande foire a lieu à l'embouchure du Gange.

4. Santiniketan (165 km nord-ouest de Calcutta). Tagore fonda, ici, en 1901, une Université internationale. On visite l'*ashram.* Les fêtes ont lieu (en principe) le 7 août ; 22-25 décembre ; 25 janvier ; 21 juin ; au début de la mousson *(Varsha mangal).*

5. Murshidabad (196 km, rive est du Gange) est l'ancienne résidence des nababs du Bengale. On y voit le palais (1837) et le cimetière aux tombes décorées de faïences de Delft.

6. Nabadwip (112 km, route de Hooghly) est un centre de pèlerinage vishnuite, sur l'Hooghly, affluent du Gange.

7. Digha Beach (176 km, route de Madras), l'un des plus belles plages de l'Inde.

8. Chandernagor (39 km de Calcutta), pour les nostalgiques des anciens comptoirs français. Le petit cimetière est émouvant.

Un portrait du Bengale

Calcutta est la capitale du Bengale. Cette région arrosée par le Gange et le Brahmapoutre est basse, alluviale, avec un climat tropical. Très riche sur le plan agricole, on y cultive le riz, le jute et un peu de thé dans les collines. Le « Bengali » parle une langue indo-européenne ; il est l'intellectuel de l'Inde car, plus qu'ailleurs on y rencontre de nombreux peintres, musiciens, poètes ; le plus connu, en Occident, est Rabindranath Tagore (1861-1941), la plus remarquable figure de la culture indienne contemporaine, auteur de plus de 1 000 poèmes et 24 pièces de théâtre. Le cinéma indien est surtout connu à travers les films de Satyajit Ray (né en 1921) où le Bengale demeure toujours en avant-plan de ses films. Un second cinéaste, Mrinal Sen (né en 1923), décrit la misère du peuple.

AU ROYAUME DE GOLCONDE : HYDERABAD

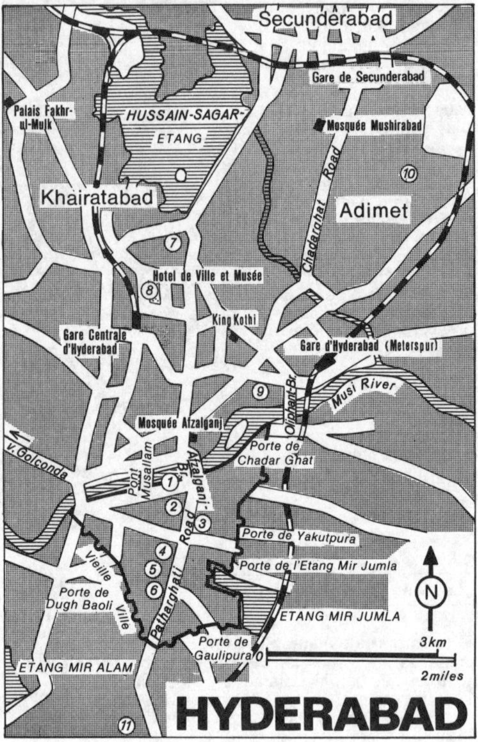

Hyderabad (540 m d'altitude, 1,9 million d'habitants) qu'il ne faut pas confondre avec la ville du même nom au Pakistan, est la capitale de l'état de *l'Andhra Pradesh.* Elle fut le siège historique d'une principauté islamique.

Autour de la ville ancienne sur la rive méridionale de la *Musi,* ont été construits des quartiers modernes qui s'étendent vers le nord et l'est.

Seule, la vieille ville avec ses mosquées, ses palais et ses bazars présente de l'intérêt pour les touristes.

HISTOIRE

La ville appelée aujourd'hui *Hyderabad,* fut fondée en 1589 par *Mohammed Qouli Koutb Chah* sous le nom de *Bhagnagar,* non loin de *Golconda.*

Vers la fin du XVIIe s. la région d'Hyderabad fut annexée à l'empire des Grands Moghols. Lors du déclin de ces derniers, le *Nizam-al-Moulk* (gouverneur du pays) *Asaf Jah* fonda son propre royaume et fixa sa résidence à *Hyderabad.* Au XVIIIe s., au cours des luttes incessantes entre Français et Anglais, les princes d'Hyderabad firent preuve d'un grand opportunisme, ce qui leur permit de conserver leur indépendance au cours des XIXe et XXe siècles.

A l'époque de la domination britannique, le *Nizam de Hyderabad* occupait le 1er rang parmi ses pairs. Lors de l'indépendance en 1947, la principauté fut intégrée par la république indienne et son territoire partagé entre trois des états de l'Union, la plus grande partie étant attribuée à *l'Andhra Pradesh.*

VISITER HYDERABAD

On peut visiter la vieille ville à pied en une demi-journée, mais il est nécessaire de prendre un taxi si l'on veut également visiter les environs.

La vieille ville

On commence la visite près du *pont Afzalganj* en laissant la *Musi* sur la droite. En prenant *Patharghati road* en direction du sud, on arrive d'abord à :

High Court [1], le palais de justice surmonté de tours et de coupoles ; légèrement de côté, se trouve

le Palais de Salar Joung [2], qui fut le vizir des princes d'Hyderabad. Le palais, qui date du XIXe s. abrite une collection d'objets d'art. Près de là, on aperçoit le *palais Badshahi Ashour* décoré dans le style persan et qui date du XVIe s. En empruntant une ruelle, vers la gauche, on parvient à :

Jama Masjid [3], *la mosquée du Vendredi,* construite lors de la fondation de la ville en 1598. En revenant vers l'artère principale, on franchit l'arc de triomphe *Machhi Kaman* (XVIIe s.) pour se trouver devant :

Char Minar [4], « les quatre minarets », construction quadrangulaire ornée d'une tour à chaque angle, et dont chaque façade est percée d'un grand portail. Le bâtiment lui-même est surmonté de deux rangées de galeries munies de fenêtres et de balcons. Le *Char Minar* servait au Nizam et à sa cour de tribune lors des fêtes et des processions. Il fut construit en 1591 par *Mohammed Qouli koutb Chah* pour remercier Allah d'avoir sauvé la ville d'une épidémie de peste.

Au sud-ouest de ce monument, s'élève :

Mekka Masjid [5]. La construction de cette « mosquée de la mecque » fut commencée en 1614 par un prince de la dynastie des *Koutb* et terminée en 1692 sous le règne d'*Aurangzeb,* après la conquête du royaume de Golconda.

La mosquée est ainsi nommée parce que sa façade est une copie de la grande mosquée de la Mecque. Elle est précédée d'une grande cour embellie d'un bassin et d'un pavillon, et ornée de quatre minarets aux angles. En allant un peu en direction du sud, on arrive au :

Palais Chaumahalla [6], (XVIIIe s.). On y pénètre par un grand portail. Après avoir franchi plusieurs cours intérieures, on se trouve devant les appartements du Nizam et de son harem. Derrière se trouve le *Baradari* ou « palais d'été » d'un des ministres du Nizam (XIXe s.).

D'autres palais se trouvent également à l'intérieur des murs de la ville, tel le *Pourani Haveli* (vieux palais) construit par le Nizam *Azaf Jah* au XVIIIe s.

Les quartiers périphériques

La visite commencera au nord près des *étangs d'Hussain-Sagar*. En avançant vers le sud, on parvient à :

Fateh Maidan [7], « la place de la victoire », où s'assembla l'armée d'*Aurangzeb* avant la conquête de Golconda. Un rocher noir : *Drum Rock* signale l'endroit d'où le Grand Moghol fit proclamer ses conditions.

On arrive ensuite au :

Parc Nampalli [8], où divers bâtiments du début de notre siècle abritent *l'hôtel de ville,* le *musée* et le *pavillon d'Ajanta* (copies des célèbres peintures murales). Plus à l'est, se trouve *King Kothi* le palais du dernier Nizam, mort en 1967. Au sud de ce palais, s'élève, au milieu d'un beau parc entouré de murs, la

British Résidence [9] construite au début du XIXe s. et où est installé un lycée de jeunes filles. Plus loin au nord-est, on passera devant la *mosquée Moushirabad* qui date du XVIe s. et devant la nouvelle

L'Inde opulente des Maharajas

On peut se demander ce qu'est devenue la richesse de l'Inde, si l'on sait que Tamerlan, en 1394, lors du sac de Delhi, rapporta de ce pays, 5 000 tonnes de pierres précieuses ! Plus tard, Golconde, au XVIe siècle, grâce à ses mines de diamants, devient un des plus puissants royaumes du pays.

Pendant longtemps, l'Inde restera dans les esprits, un pays opulent, une terre classique des merveilles, grâce aux fastes des Maharajas, Rajas et Nawabs qui régnèrent en Inde jusqu'à l'indépendance.

Un Maharaja (grand roi) selon Kipling « avait été créé par la Providence afin de pourvoir le monde en décors pittoresques, en histoires de tigres et en spectacles grandioses ». En 1947, ils étaient 565 à administrer, pour les Anglais, diverses provinces aussi vastes que certains pays européens.

L'éléphant du Maharaja de Baroda possédait un harnachement en or massif ; souvent, la richesse d'un souverain s'évaluait au nombre de pachydermes. La voiture de prédilection des Maharajas était la Rolls Royce ; ainsi, le Maharaja de Bharatpur en possédait vingt-deux, dont une en argent massif, équipée pour la chasse aux fauves.

Les palais (transformés aujourd'hui en Musées, pour la plupart) étaient non moins impressionnants : celui de Mysore possède six cents pièces ; celui de Bikaner possédait des vitraux de jade afin de tamiser la lumière, celui de Kapurthala était une réplique de Versailles, avec meubles anciens et eau d'Evian à table.

Les Maharajas furent dépossédés à l'Indépendance de l'Inde, leurs biens nationalisés ; ils purent tout de même se « recycler » dans la politique, la diplomatie, et même la gestion de leurs palais, transformés en hôtels de rêve, pour le plus grand bonheur des touristes.

Université Islamique [10] « Osmania ». Au sud de la vieille ville, au milieu d'un jardin anglais, s'élève

le Palais Falaknuma [11], qui appartient encore à la famille du Nizam, et qui peut être visité par les touristes.

Ⓣ : Government of A.P. Tourist Bureau, Mukhramjahi road (tél. : 43281/2).

Les environs d'Hyderabad

Golconda, à 8 km à l'ouest d'Hyderabad est la citadelle de l'ancienne capitale du *royaume de Golconda.*

C'est ici que résidèrent les princes de la dynastie Koutb du XVIe s. jusqu'à la conquête de leur puissante forteresse en 1687 par Aurangzeb. Les murs de fortifications, longs de 5 km, comportent 90 bastions et 8 portes. Le fort *Bala Hissar,* surmonte de près de 100 m ces murailles. Dans son enceinte, se trouve le palais du prince et ses dépendances. Golconda était célèbre pour son marché de pierres précieuses. Du haut du palais d'été, on jouit d'une vue magnifique. Au nord-ouest, on aperçoit les mausolées et mosquées funéraires des anciens souverains, en particulier ceux du fondateur de la dynastie et de son épouse favorite *Bhagmati.*

Nagarjunakonda (155 km de Hyderabad) est un célèbre site bouddhique datant du IIIe siècle de notre ère. Les ruines ont été déplacées et remontées, sur un îlot artificiel, Nagarjuna Sagar. On y visite un ensemble de *vihara, chaitya* et *stupa* ainsi que de nombreuses sculptures.

L'INDE MÉRIDIONALE : MADRAS

Madras (2,5 millions d'habitants) est la plus grande ville de l'Inde méridionale, et depuis 1956, la capitale de l'état du *Tamil Nadu.*

Bien située au bord de l'océan Indien, sur la côte de Coromandel, la ville jouit d'un climat relativement tempéré. De nombreux espaces verts donnent à *Madras* un aspect riant et aéré. Cette atmosphère plaisante rappelle celle de l'époque coloniale. *Madras* est habituée depuis longtemps au commerce avec les étrangers (portugais, français, anglais) et les nombreuses missions chrétienne, catholique et protestante, avec leurs églises, écoles et institutions diverses ont fortement marqué l'aspect de la ville et le comportement de ses habitants.

Madras est aussi réputée dans l'Inde entière pour son académie de danse et de musique (Kalakshetra), où l'on enseigne les disciplines du *Bharata Natyam* et du *Kathakali* et pour son institut théosophique *(Ashram)* situé dans le sud de la ville est le centre commercial et industriel le plus important de l'Inde méridionale, et possède un important port.

HISTOIRE

Quoique *Madras* ait été fondée seulement au XVIIe s., la ville est située dans un pays de très vieille civilisation. Les Anglais obtinrent l'autorisation d'installer un comptoir sur des territoires qui leur furent cédés par la dynastie régnante. Ils y élevèrent le *Fort St Georges.* Au XIXe s., le commerce du coton contribua beaucoup au développement de la cité.

TOUR DE LA VILLE

Il faut compter au moins une demi-journée pour la visite de la ville elle-même et un jour et demi ou deux jours pour les excursions dans les environs, que nous recommandons particulièrement.

On partira de *Poonamallee High road* près de

la gare centrale [1], non loin du quartier des bazars, en se dirigeant vers le port, on arrive près de :

High Court [2]. Le palais de justice, bâtiment de style indo-islamique près duquel s'élève un phare haut d'une cinquantaine de mètres qui domine la ville. Continuant en direction du sud, on arrive au :

Fort St Georges [3]. Cette forteresse en demi-lune du XVIIe s. a été le témoin d'un grand nombre de sièges et de guerres entre les anciennes puissances coloniales. A l'intérieur du fort, a été bâtie *l'Eglise Sainte Marie* (XVIIe s.). On empruntera ensuite la fameuse *Marina,* avenue du bord de mer, pour franchir l'embouchure de *la Coum,* à proximité d'une belle plage, pour arriver à :

l'Université [4], construction de style mauresque ; et tourner vers la droite, franchissant le *canal Buckingham,* on atteint le quartier de *Triplicane* où se trouve

le temple Parthasarati [5]. Dédié au dieu Vichnou, ce temple du XVIe s. *(époque Vijayanagar)* fut élevé sur le site d'un sanctuaire plus ancien datant de *l'époque Pallava* (VIIIe s.). Continuant en direction du sud, on parvient à *Mylapore* où s'élève :

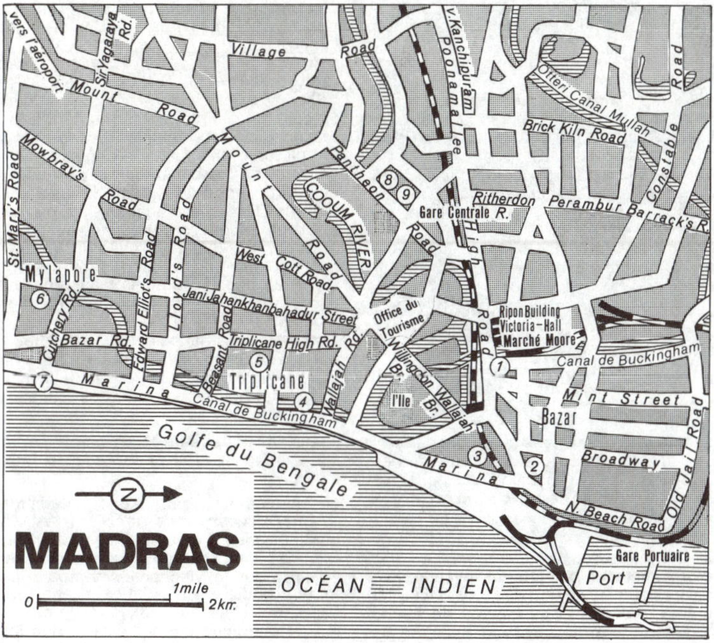

le temple Kapaleswara [6], consacré au dieu Çiva. A l'est de ce temple se trouve

la Cathédrale St-Thomas [7], construite par les Portugais en 1505 pour abriter les reliques de *l'apôtre Thomas* qui, après le crucifiement, serait venu en Inde porter la parole du Christ et aurait subi le martyr à *Mylapore*. La cathédrale a été restaurée au cours du siècle dernier dans son style original.

Retournant sur ses pas le long de *Marina* en direction du nord, puis en prenant *Pantheon road* en direction de l'ouest, on arrive à :

la Galerie Nationale [8] et au **Musée [9]** où sont conservés les plus beaux bronzes de l'Inde méridionale, en particulier ceux de l'époque *Chola* (X^e-XIe s.). Entre autres chefs-d'œuvres : un prestigieux *Çiva Nataraja* (Çiva dansant), ainsi que d'inestimables trésors de la sculpture des époques *Pallava* et *Chalukya*. Sans oublier les très beaux bas-reliefs provenant du stupa *d'Amaravati* (IIe-IVe s.).

Ⓣ : Government of India tourist office, 154 Anna road (tél. : 862402), Tourist information (Counter, Madras Airport).

Les environs de Madras

1. Mahabalipuram *(Mamallapouram)*, à 60 km au sud de Madras, a été le plus grand port du *Royaume Pallava* (VIe-VIIIe s.) et le principal centre de diffusion de la culture et des religions de l'Inde vers l'Asie du sud-est (Cambodge, Malaisie, Java).

Les monuments qu'on peut y admirer comptent parmi les plus prestigieux de la civilisation indienne. On commence d'habitude la visite par le :

a) *Temple du rivage* (VIIIe s.) consacré au dieu Çiva et à sa monture, le taureau *Nandi ;* c'est un des plus anciens monuments construits de l'Inde méridionale, magnifiquement situé au bord de l'océan. Le sanctuaire, entouré d'une enceinte, se compose d'une simple cella surmontée d'une haute toiture pyramidale (vimana) qui deviendra par la suite une des constantes de l'architecture dravidienne (Inde du sud). Non loin de la plage se trouvent les :

b) *sanctuaires creusés dans le roc* décorés de bas-reliefs monumentaux : l'un d'eux illustre le combat de la déesse *Dourga* contre le démon buffle *Mahishasoura,* un autre *Krishna* abritant les bouviers sous la montagne *Ghovarna,* un troisième le sommeil cosmique de Vichnou sur le serpent d'éternité. A côté tout un pan de rocher a été sculpté ; la scène représente :

c) *la pénitence d'Arjouna* (souvent désigné comme la « descente du Gange »). Sur une surface haute de 9 m et longue de 27 m, les artistes du VIIe s. ont représenté une grande scène mythologique animée par de multiples personnages : dieux, ascètes, démons et nymphes célestes, ainsi que par de nombreux animaux en particulier des éléphants. L'ensemble constitue une œuvre monumentale unique au monde.

Un peu plus loin se trouvent :

Les Ratha (temples-chariots) qui sont des temples monolithes (VIIe s.) sculptés dans des blocs de rocher ; au nombre de cinq, leur décor s'inspire de l'épopée du Mahabharata. De forme carrée ou allongée, ils sont surmontés de toitures à étages, décorées de réductions d'édifices. A côté, ont été sculptées grandeur nature des représentations d'animaux, telles que des éléphants, des lions, etc. On peut rentrer à Madras ou continuer vers Conjeeveram (Kanchipuram) à 66 km.

2. Conjeeveram *(Kanchipuram).* La « ville d'or » ancienne capitale du royaume Pallava, est située à 93 km de Madras. Elle est restée une des villes saintes de l'Inde, consacrée aux dieux Çiva et Vichnou.

Si l'on vient de Mahabalipuram, on passera à *Tirukalikundram* « la montagne sainte des oiseaux » où se trouvent deux importants temples. L'un d'eux, placé sur le haut de la montagne, est fréquenté par des oiseaux de proie qui sont nourris par les prêtres, suivant un ancien rituel. Après 30 km, on arrive à *Chingleput,* où s'élève une grande forteresse dont la fondation remonte à l'ère Vijayanagar (XVe-XVIe s.). Ce fort eut un rôle important à l'époque des guerres coloniales entre la France, l'Angleterre et leurs alliés locaux. En continuant en direction de l'ouest, on voit apparaître après une demi-heure de route environ, les hautes portes d'enceintes *(gopouram)* des temples de la ville sainte, qui sont caractéristiques des monuments de l'Inde méridionale depuis le XIIIe s. La cité possède 124 temples et sanctuaires, groupés en deux centres, visités chaque année par des millions de pèlerins.

Le Kailasanatha, nommé d'après le ciel où réside Çiva, est un temple contemporain des Ratha de Mahabalipuram (VIIe-VIIIe s.). Bien conservé, il compte parmi les plus anciens monuments construits en Inde du sud.

On pénètre dans le sanctuaire *Narada-Linga* en franchissant la porte d'une enceinte entrecoupée de cellules qui contenaient chacune un *Lingam* (emblème du dieu Çiva). Devant le saint des saints que surmonte un Vimana s'élève un hall à piliers ou *mandapour.*

Le temple Vaikuntanata-Peroumal est l'un des rares sanctuaires de Conjeeveram consacré à Vichnou. Le temple est précédé d'un hall à piliers et le *gopouram* (porte monumentale) est orné d'une multitude de figures de la mythologie hindoue. La cella du temple est surmontée du *vimana* typique. Le temple *Varada-Raja* a été plusieurs fois restauré depuis sa fondation au XIIe s. Le gopouram de l'entrée comporte sept étages et atteint une hauteur de 30 m. Non loin du temple, se trouvent deux bassins destinés aux ablutions rituelles des fidèles. On remarquera la salle des piliers dont la toiture est soutenue par 96 colonnes sculptées, les bases représentent des chevaux ailés montés par des cavaliers et les fûts les dix *avatara* ou incarnations du dieu Vichnou à qui le temple est consacré. La toiture du pavillon est ornée de paons, de perroquets, de serpents et autres animaux sculptés.

L'enceinte intérieure du temple n'est malheureusement pas accessible aux étrangers.

Le gopouram à dix étages du temple *Ekambareswara,* haut de 54 m, est en quelque sorte l'emblème de Conjeeveram. De son sommet, s'offre une vue superbe sur la ville et les temples. Le temple dédié à Çiva date de la fin de l'époque Vijayanagar (XVIe s». Son plan est asymétrique, les cours ainsi que les bâtiments sont disposés sans aucun ordre et les gopouram sont de hauteurs différentes. A la gauche de l'entrée, se trouve la « salle aux 1 000 colonnes » (en réalité 540), toutes richement ornées de sculptures. La salle est couverte par une toiture plate également décorée.

Comment reconnaître les principaux dieux hindous du sud

Aghoramurti : Forme redoutable de Shiva.
Aiya Nar : Protecteur des champs en pays dravidien.
Ardhanarisvara : Shiva androgyne.
Bhairava : Shiva redoutable sous l'aspect destructeur.
Bhiksatanamurti : Shiva sous l'aspect de mendiant.
Bhudevi : La terre, épouse de Vichnou.
Daksinamurti : Shiva, maître des sciences et des arts.
Ganesha : Dieu à tête d'éléphant.
Harihara : Représentation commune de Shiva et Vichnou.
Mariyammai : Déesse de la variole.
Rudra : Dieu védique de la tempête ; « le rouge ».
Sakti : Energie féminine du dieu.
Varuna : Dieu des eaux.
Vayu : Dieu du vent.
Yama : Dieu des morts.

LE CACHEMIRE ET LE LADAKH

Surmonté des hautes montagnes himalayennes, entrecoupé de lacs et de torrents, le Cachemire aux « vallées heureuses » est un véritable enchantement dès le printemps, lorsque le voyageur jouit, du balcon de sa maison flottant sur les eaux du lac Dal, des eaux constellées de lotus, traversées par toute une flotille d'embarcations diverses. Situé à l'extrême nord-ouest de l'Inde, divisé entre ce dernier pays et le Pakistan par une frontière définie par l'O.N.U. en 1949, le Cachemire s'étend sur 222 800 km^2 dont 139 000 appartiennent à l'Inde, avec une population d'environ 3 800 000 habitants. La partie indienne constitue l'État de Jammu et Kashmir. Srinagar, la capitale, est reliée à la ville de Jammu (110 000 habitants), au sud, par une route qui continue vers Chandigarh (capitale du Penjab, construite par Le Corbusier) et Delhi.

Le Cachemire est une terre de bouddhisme, puisque c'est ici que le quatrième concile bouddhique consacra le schisme de l'église bouddhique entre les sectes du *Hinayana* (Petit Véhicule) et du *Mahayana* (Grand Véhicule). L'Islam s'y installa dès le XIe siècle, mais les rois hindous purent se maintenir sur le trône jusqu'en 1338. Le pays fut ensuite conquis par les Moghols en 1586, puis par les Afghans au XVIIIe siècle, qui furent chassés à leur tour par les Sikhs, eux-mêmes expulsés par les Anglais.

En 1947, lors de la partition, le Maharaja du Cachemire, contre l'avis de sa population à majorité, opta pour l'Inde. En 1949, un cessez-le-feu intervint entre l'armée indienne et le Pakistan. En 1950, le Maharaja choisit l'exil et nomma son fils Karan Singh régent. En 1952, le Cachemire devint une République, pour être rattaché à l'Union Indienne en 1957 ; Karan Singh resta alors gouverneur. Les musulmans créèrent à nouveau des troubles, ce qui aboutit à une véritable guerre entre l'Inde et le Pakistan en 1965, avec un cessez-le-feu signé à Tachkent en janvier 1966. En 1975, Indira Gandhi confia le gouvernement du Cachemire au dirigeant autonomiste Cheikh Abdullah, à condition que son parti reconnaisse la souveraineté de l'Inde sur ce territoire.

On parle ici un dialecte indo-européen, le *kashmiri* pour 55 % de la population, alors que 30 % des habitants parlent le *panjabi*. Les autres langues sont le *pahari* (langue des hautes vallées himalayennes) à 8 % ; le tibétain à 3 % ; le *rajasthani* à 6 %. Les Kashmiri sont en majorité musulmans (68 %), avec une forte proportion d'hindous (28 %), de sikhs et de bouddhistes.

Srinagar

Srinagar (1 768 m d'altitude, 500 000 habitants) est la capitale de l'État de *Jammu* et *Cachemire*. La ville est admirablement située sur les deux rives du *fleuve Jhelum* et entre le lac Dal et ses satellites (Nagin, Lokut, etc.). La « vallée heureuse » ne peut être atteinte, étant donné les frontières de l'Inde, que par le tunnel du col du Banihal. En raison de son altitude, Srinagar jouit d'un excellent climat et la ville est réputée auprès des touristes aussi bien pour l'habileté de ses artisans (soieries, châles, sculptures en bois, tapis) que pour ses pittoresques canaux qui s'entrecroisent et font que Srinagar a été surnommée « La Venise de l'Orient ».

HISTOIRE

Le Cachemire fit partie de l'empire d'Açoka au IIIe s. av. J.C. La ville fut fondée avant 630 par le prince hindou Pravarasena II autour de la forteresse de *Sher Garh*. Au cours des siècles suivants, ces souverains, à partir de *Lalitaditya* (649-736) bâtirent de nombreux temples dans un style particulier au Cachemire. En 1339, les princes musulmans succèdent aux anciens rois et les mosquées prirent la place des sanctuaires hindous. Akbar conquit la vallée au XVIIe s. et y installa sa résidence d'été.

VISITER SRINAGAR

On peut louer un *Shikara* (bateau à une rame multicolore) et recommencer la visite à :

Amira Kadal [1], un pont moderne sur le *Jhelum* un peu au-delà du *parc Gandhi* et de *Sher Gartz* le « Fort du tigre ». Après le 4e pont, on apercevra sur la gauche :

Patar Masjid [2], construite vers 1620 par Nurjahan, à droite, la mosquée *Shah-Hamadan,* on continuera à pied jusqu'à :

Jama Masjid [3] *(la mosquée du Vendredi),* entièrement construite en bois (1404). Le toit oblique décoré de pavillons (restaurés au XIXe siècle), repose sur de grands piliers taillés dans des troncs d'arbres. Derrière, sur une hauteur on aperçoit :

Hari Parbat [4], forteresse de l'empereur *Akbar* (XVIe s.). Au sud-est, se trouve la colline de :

Takht-i-Sulaiman [5] (le trône de Salomon), sur laquelle est bâti un temple hindou dont la fondation est attribuée à un saint homme, *Shankar Acharya,* qui vécut au VIIIe s. Il est recommandé de faire une promenade en bateau au milieu des « jardins flottants » sur les lacs *Lokut* et *Bod-Dal*. Embarquement près de *Dal Gate*. on débarquera près de :

Nishat Bagh [6], « jardin des plaisirs » pour se promener sur les terrasses de ce jardin moghol. On continuera en empruntant une *tonga* (voiture à cheval) jusqu'à :

Shalimar Bagh [7], « jardin de l'Amour » installé par *Jehangir* pour son épouse *Nurjahan*.

Sur l'autre rive du lac est située la *mosquée Hazrat-Bal* où est conservé un cheveu de la barbe du prophète. La tonga amènera ensuite les visiteurs à :

Chasma Shabi [8] (la fontaine royale) dénommée ainsi à cause de la source qui arrose ces jardins. A 5 km d'*Amira Kadal*, se trouve

le Temple de Pandretham [9]. Ce sanctuaire du Xe s. de style cachemiri est consacré au dieu Çiva.

Avantipur (60 km de Srinagar) est l'ancienne capitale du roi Avantivarman (855-883) de la dynastie Utpala. Le temple principal est l'Avantisvami, consacré à Vichnou, construit sur un plan carré au centre d'une vaste cour bordée de cellules monastiques. Dans la cour se trouvaient quatre sanctuaires annexes. La décoration est faite de motifs persans et byzantins et de lotus bleus (fleur d'utpala).

Martand (50 km au nord de Srinagar) possède un temple dédié à Durya, dieu solaire. Le temple présente des influences gréco-romaines (frontons, pilastres, chapiteaux) apportés dans la vallée de l'Indus par les petits royaumes grecs de bactraine et du Gandhara. On y trouve aussi des influences bengali, héritage de la dynastie des Pala. Ce temple a été construit sous le règne de Lalitaditya (VIIIe s.).

Le Ladakh, le petit Tibet

Le Ladakh est une région de hauts plateaux entourés de hautes montagnes, dans la partie occidentale de la chaîne himalayenne, sur le haut cours de l'Indus. Le pays est peu peuplé : 100 000 habitants pour une superficie indienne de 97 000 km^2 ; la partie pakistanaise constituant la province du Baltistan. Le Ladakh appartint dès le Ier siècle au royaume des Kushana ; les Huns ravagèrent les lieux de culte vers le Ve siècle. Le Ladakh fit ensuite partie du Tibet jusqu'au Xe siècle, constituant ainsi un de ses royaumes. Le

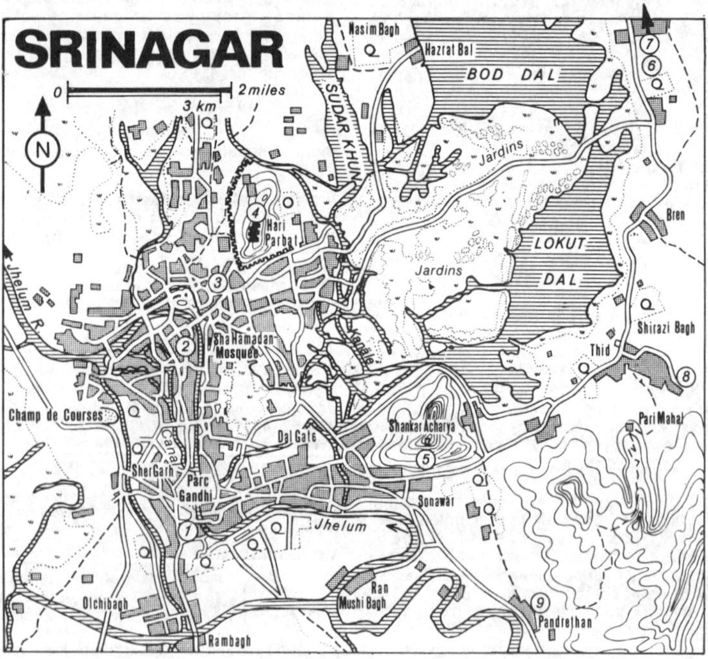

Bouddhisme s'y réinstalla sous l'impulsion de religieux venus du Tibet qui créèrent de petits royaumes semi-indépendants tels Nyarma, Alchi ou Lamayuru. Le bouddhisme tibétain de la secte des Bonnets Jaunes (créé par Tsong-Kha-pa) créa de nouveaux monastères au XVe siècle. Le pays fut ensuite envahi par les Mongols (1683), les Anglais (1850) et fut intégré à l'Union Indienne en 1947.

On ne peut accéder au Ladakh, en venant de l'Inde, que par la route qui relie Srinagar à Leh (la capitale), en passant par un col haut de 4 100 m. La population est en majorité bouddhiste lamaïque. Les habitants *ladhaki* sont surtout agriculteurs (blé, orge, millet) et cultivent les champs des monastères dirigés par un chef religieux *lama* et un « lama civil » ou *nupa*. On y verra beaucoup de moutons, de chèvres, le célèbre yack et le *dzo* (croisement de vache et de yack).

Le Ladakh ne peut se visiter qu'en été. La route de Srinagar est « officiellement » ouverte du 15 mai au 15 novembre. Le circuit classique nécessite six jours minimum : jour 1 : Srinagar/Kargil, via le col du Zodjila ; jour 2 : Kargil/Lamayuru/Alchi ; jour 3 : Alchi/Leh ; jour 4 : monastères autour de Leh (Shey, Tikse, Hemis, Taktak, Stok, Matho, Phyang, Spituk) ; jour 5 : visite de Leh ; jour 6 : retour à Srinagar par avion.

Leh, la capitale est située dans la haute vallée de l'Indus. On y parvient de l'ouest par une route longue d'environ 450 km qui relie cette ville à Srinagar au Cachemire en passant par *Kargil*. Le Ladakh est renommé pour la beauté de ses paysages de déserts montagneux dont les plus hauts sommets culminent à plus de 7 000 m et pour ses nombreux monastères bouddhiques. Les plus intéressants et les plus riches en œuvres d'art sont ceux de :

Lamayourou, situé sur la route reliant Srinagar à Leh, le plus ancien monastère du pays ; les temples d'*Alchi* et *Likir* à 60 km environ en aval de Leh, renferment de nombreuses sculptures représentant les divinités du panthéon lamaïque, ainsi que des peintures murales datant d'un millier d'années.

Phyang à 17 km de Leh, en aval de l'Indus à quelques kilomètres au-dessus de la route principale comporte 3 temples renfermant des centaines de statues bouddhiques ; on peut y admirer également de très belles fresques de part et d'autre de la porte d'entrée du *Gompa* principal. *Hémis*, le plus important monastère du Ladakh, situé à 44 km de Leh, en amont de l'Indus, possède plusieurs sanctuaires abritant des statues dorées et des *stupa* ornés de pierres précieuses. *Shey* et *Thiksay*, respectivement à 16 et à 19 km de Leh possèdent également de nombreuses statues et peintures religieuses *(thankas)*.

Leh (355 m, 8 500 hab.). La capitale du Ladakh est dominée par le Palais Royal construit par Sengge Namgyal au début du 17e siècle ; il s'élève sur neuf étages, possède une centaine de pièces et renferme 3 temples (Khar Lhakang, Avoloketeshvara, temple de Guru). A voir aussi : le bazar, situé dans la vieille ville au pied du promontoire du Palais, et le temple rouge (*Lhakhang Marpo* ; XVe s.), au sud-est du Palais Royal.

Renseignements pratiques

Plusieurs bus quotidiens relient en deux jours Srinagar à Leh (nuit à Kargil). Il est possible de louer une jeep à Srinagar, pour 3 personnes avec chauffeur.

✈ hebdomadaire Srinagar-Leh.

Du Ladakh peut être rejointe la zone du Zanskar.

Le Zanskar, royaume des neiges

Situé au sud-ouest du Ladhak, à environ 4 000 m d'altitude, la vallée himalayenne du Zanskar ne comporte que 10 000 habitants. La région, dominée par les monts Nun (7 087 m) et Kun (7 130 m), demeure difficile d'accès (à partir de Leh, de Kargil ou Lamayuru). Ses habitants sont de religion lamaïque (secte des Bonnets Jaunes) et possèdent de nombreux lieux de culte, dont les plus remarquables sont les monastères de Bardan, Zunkul, Marne, Stag-Rimo et surtout Sani et Karsha, les plus anciens (VIIIe siècle). L'ancienne capitale de la vallée, Thonde, et la nouvelle, Padum, à 3 493 m d'altitude, sont situées sur la rivière Zanskar, un affluent du haut Indus, face au monastère de Karsha.

Aucun permis spécial n'est requis. La route à partir de Kargil, bien que superbe, est éprouvante (se protéger de la poussière). Le transport s'effectue en jeep et le logement s'effectue sous la tente ou dans des monastères. Ce voyage s'adresse surtout aux amateurs de « trekking » et demande une bonne endurance physique (longues marches à pied).

Les points forts d'un tel circuit :

— La vision sur le Nun, véritable pyramide de glace de 7 000 m.

— Rangdum Gompa, premier monastère tibétain de la Zanskar.

— Le col de la Pensi-La, débouchant sur la vallée de la Suru.

— Le monastère de Sani, dominant une riche et large vallée.

— L'activité du bazar de Padum.

— La richesse du palais du royaume de Zangla.

— Les fêtes de la moisson, en septembre, où les femmes portent la coiffure « cobra » décorée de turquoises.

Les mots les plus courants de l'art de l'Himalaya et du bouddhisme

Amithaba : Bouddha de la lumière infinie. Il possède un aspect paré « amitayus » que l'on invoque pour obtenir une longue vie.

Arhat : disciple du Bouddha libéré du cycle des existences conditionnées.

Avalokitecvara : celui qui regarde avec compassion. On le représente tenant un lotus (Padmapani).

Baishajyaguru : Bouddha de la médecine. Son corps est bleu foncé.

Bardo Thodol : livre des morts tibétain décrivant les expériences et les visions de l'après-mort *(Bardo).*

Bon : religion animiste antérieure au bouddhisme.

Chorten : stupa (tumulus servant de reliquaire).

Dharmapala : gardiens de la doctrine bouddhique.

Dratsang : collège à l'intérieur d'un monastère.

Gelupa, geluk : secte du bouddhisme tibétain nommée « Bonnets Jaunes », créée au XVe siècle par Tsong Khapa.

Hevajra : déité de couleur bleu foncé avec huit têtes, seize bras et quatre jambes. Personnification de la syllabe magique « he ».

Kalacakra : la roue du temps.

Lama : maître religieux. Un *lama* n'est pas forcément un moine *(drapa) ;* quelques moines seulement sont des *lama.*

Loka : région de l'univers. Six *loka* divisent le Cercle de l'Existence : au centre, le coq représente le désir et l'avidité ; le serpent incarne la colère et les passions ; le porc symbolise l'ignorance et l'illusion.

Mahakala : forme bouddhisée de l'aspect farouche que revêt le dieu hindou Shiva.

Mandala : diagramme de méditation. Le *mandala* est la représentation de l'image du monde par un ensemble de figures géométriques devant définir les diverses réalités de l'Univers.

Mantra : invocation sacrée permettant de concentrer son esprit (*man*=esprit ; *tra*=protection).

Mudra : geste symbolique ou rituel.

Nirvana : extinction. État de paix dans lequel se trouve la personne libérée des entraves qui la liaient à l'existence cyclique des réincarnations.

Nyingmapa : la plus ancienne des sectes lamaïstes. Le monastère de Taktak, au Ladhak, est de cette obédience. Les pratiques comportent de la magie.

Padmasambhava : né dans une fleur de lotus, il a converti le Tibet au Lamaïsme.

Prajnaparamita : perfection de sagesse, cette déesse a rang de *bodhisattva.*

Paredre : divinité féminine associée à la divinité mâle.

Sutra : « fil conducteur ». Traité de rituel.

Tantrisme : mot sanskrit signifiant « fil, trame » et, par extension, traité (cosmogonie, philosophie).

Thangka : « que l'on déroule ». Image sacrée portative en forme de rouleau peint ou brodé.

Vajra : « foudre-diamant ». Objet rituel associé au « lingam », utilisé dans les cérémonies avec la *ghanta,* clochette tenue en main droite.

Yaksha : divinités protectrices.

Yidam : divinité personnelle. Le *Yidam* représente l'expression individuelle de la nature du pratiquant.

DIX GRANDS ITINÉRAIRES

1. L'Inde des grottes sacrées : Aurangabad, Ellora, Ajanta

En Inde, tout est sacré ; le lieu du rite est le temple, qu'il soit fait de quelques pierres ou de grandes structures monumentales. A l'époque védique, les brahmanes exercent leur culte sur un autel en plein air. Plus tard se créèrent des sectes diverses (Jaïnisme, Bouddhisme) groupées autour d'un « gourou » ; les disciples vivant dans des grottes creusées dans la montagne, loin des centres urbains ; à la simple « thébaïde », succéda le temple rupestre, dont la construction s'étend du IIIe siècle avant J.C. au VIIIe siècle après J.C.

Les premiers monuments bouddhistes furent les *stupas,* tumuli funéraires censés contenir une relique du Maître ; ils sont construits en briques crues, recouverts de plâtre, entourés d'une enceinte réservée aux processions rituelles. Plus tard, on creusa des temples-cavernes, on excava à même le rocher ; un plan caractéristique s'en détacha : une salle de culte *(caitya)* avec une nef surmontée d'une arche et entourée d'une rangée de piliers flanquée de deux bas-côtés ; à l'extrémité, une enceinte semi-circulaire avec un stupa, entourée d'un déambulatoire *(pradakshina).* A côté des salles de culte, d'autres salles *(viharas)* entourées de cellules creusées sur les côtés, servant d'habitations aux moines.

La grotte est toujours présente dans l'Inde actuelle ; elle est un lieu de repos pour l'ascète *(layanna),* mais aussi elle représente symboliquement l'intérieur de la montagne cosmique, comme le cœur est l'intérieur du corps de l'homme.

AURANGABAD (570 m, 200 000 habitants) peut être atteint de Bombay par le train (375 km, 10 heures) par autocar (6-8 heures) ou par avion (80 minutes).

Fondée en 1610, *Aurangabad* sert surtout aux touristes de base de départ pour les excursions d'*Ellora* et d'*Ajanta.* Toutefois, pour ceux qui disposent d'un peu plus de temps, la ville et ses environs offrent des points d'intérêts certains.

Les temples rupestres, à 3 km au nord de la ville, ont été creusés entre le Ve et le VIIe s. Douze grottes bouddhiques, dont certaines possèdent de très intéressantes sculptures, en particulier la grotte n° 7.

Bibi-Ka-Maqbara. Le mausolée de *Rabia Durani* construit en 1679, épouse favorite d'Aurangzeb est situé près des rives de la *Kham,* au nord-ouest de la ville.

Panchakki. Un peu plus au sud de *Bibi-Ka-Maqbara,* on aperçoit dans un parc, un ancien moulin à eau et la tombe d'un saint musulman.

ELLORA. L'excursion aux *sanctuaires rupestres d'Ellora* se fait en car ou en taxi et prend en général une journée (8 à 10 h). On passe d'abord à *Daulatabad* (13 km) qui fut pendant un court espace de temps au XIVe s. la capitale de l'Inde. Les fortifications de l'antique cité et le *Chand Minar* (XVe s.), assez bien conservés, sont visibles de loin. 13 km plus loin, à *Khuldabad,* se trouve le modeste tombeau du grand Moghol *Aurangzeb.* Quelques kilomètres plus loin, on arrive à

Ellora, l'ancienne *Elapura,* où furent creusés dans le rocher, sous les Chalukya, aux VIIe et VIIIe s., 34 sanctuaires rupestres.

12 de ces grottes furent consacrées au culte bouddhique, 17 à l'hindouisme et 5 aux divinités jaïns. La distance entre la première et la dernière de ces grottes est d'environ 2 km.

On commencera la visite par le sud avec les grottes 2, 5, 10, 11 et 12(bouddh), 14, 15, 16, 21, 29 (hind), et 32, 33 (jaïn).

Parmi ces sanctuaires, les visiteurs s'attarderont à la caverne 21 *(Rameçvara)* consacrée à Çiva, décorée de sculptures de qualité, à la caverne 10 *(Viçvakarma).* Au fond de ce sanctuaire précédé d'une cour, a été sculpté un grand Bouddha assis entre deux parèdres, aux monastères bouddhiques 11 et 12 *(Do Thal* et *Tin Thal),* à la caverne 15 (des *« dix Avatara »*) où se trouvent des sculptures qui comptent parmi les plus belles de l'Inde (bas-reliefs de Vichnou en homme-lion, « les trois pas de Vichnou », etc.). Enfin au *Temple du Kailasa* (caverne 16, VIIIe s.) œuvre architecturale la plus importante de l'ensemble d'Ellora.

Ce grand temple décoré de très belles sculptures (Çiva, Parvati sur le mont Kailasa ébranlé par le « démon » Ravana) n'a pas été construit, mais sculpté dans un immense bloc de rocher de haut en bas.

Parmi les grottes jaïns, creusées un peu à l'écart on remarquera dans *Indra Sabha* (caverne 32) « l'assemblée des dieux » sculptée au 1er étage du sanctuaire.

AJANTA, à 105 km au nord d'Aurangabad, peut être atteint par taxi ou par car. Les 29 grottes bouddhiques d'Ajanta s'alignent au-dessus d'une vallée en forme de croissant, où coule une rivière pendant la saison de pluies. Elles ont été creusées et décorées entre les Ier-IIe s. av. J.C. et le VIIIe s.

Les grottes d'Ajanta sont surtout remarquables par leurs *peintures murales,* de renommée mondiale, qui furent redécouvertes au cours du XIXe s. Ces peintures, quoiqu'ayant un caractère éminemment religieux (illustrations de la vie du Bouddha et de ses existences antérieures, représentations de *bodhisattvas*), décrivent avec délicatesse ce que pouvait être la vie aristocratique à l'époque de leur création.

Les peintures des grottes les plus anciennes (10 et 11, Ier-IIe s. av. J.C.) très effacées, relèvent du bouddhisme *hinayana,* toutes les autres sont inspirées par le *mahayana* et sont pour la plupart contemporaines de la dynastie gupta (Ve-VIe s.). Les plus intéressantes sont celles des *vihara* (monastères) 1 et 2 et des *chaitya* (sanctuaires) 16, 17 et 19. Les plus belles sont, sans doute, celles de la grotte 1, en particulier les deux grands *bodhisattva* sur la paroi du fond et la description de « la tentation du Bouddha par les filles du "démon" Mara dans le vestibule ».

Les grottes 1, 4, 17, 19 et 24 sont remarquables par leurs sculptures.

Les grottes les plus récentes portent les nos 20 à 26. A l'intérieur du chaitya 26, on remarque une sculpture du Bouddha trônant assis à l'européenne devant le stupa du fond.

A proximité des grottes, se trouve un « tourist Rest House », où l'on peut prendre quelque repos avant de reprendre le chemin du retour.

2. Le Rajasthan des grands seigneurs : Mont Abu, Udaipur, Chittorgarh, Ajmer, Jodhpur, Jaisalmer, Bikaner

Deuxième État de l'Inde par son étendue, après le Madhya Pradesh ; pour une superficie de 342 214 km^2, le Rajasthan compte 26 millions d'habitants. Il est traversé par l'ancienne chaîne rocheuse des Aravalli sur près de 800 km et est bordé au nord-ouest par le désert de Thar qui chevauche la frontière indo-pakistanaise. Les Rajpoutes (fils de princes) forment un peuple robuste, les hommes portent des turbans roses et jaunes de 16 m de long ; les femmes, des jupes larges qui peuvent dépasser 30 m. Conquérants du pays qu'ils habitent, les Rajpoutes ont lutté contre les premiers envahisseurs musulmans dès le VIIIe siècle ; puis, plus tard, se sont plus ou moins unis aux Moghols à travers une politique d'alliances et de mariages. Dans la seconde moitié du XVIIIe, ils seront dominés par les Mahrattes et feront appel aux Anglais pour regagner leur liberté et être fondus dans l'Union indienne à l'indépendance. L'histoire de leur lutte est remplie de récits de *jauhar* (sacrifices collectifs) et de *sati* (veuves s'immolant sur les bûchers). Les dynasties qui se sont succédées appartenaient à des lignées solaires ou lunaires.

La population du Rajasthan, où se trouvent ces sites, a la réputation de conserver jusqu'à nos jours ses traditions chevaleresques et guerrières.

MONT ABU, la petite ville (12 000 habitants) située à 1 219 m d'altitude dans un bel environnement, se trouve à 29 km de la station de chemin de fer d'*Abu Road.* Le trajet en train à partir d'*Ahmedabad* dure 5 h 1/2, auxquelles il faut ajouter une demi-heure en taxi ou en car.

Jusqu'au XIe siècle le *Mont Abu* était consacré au culte de Çiva. Par la suite les jaïns y installèrent leur propre lieu de culte, le *temple Delwara.* On remarquera particulièrement les sanctuaires *Vimal Vasahi* et *Teipal* construits en marbre blanc. L'aspect dépouillé des façades contraste avec la richesse et la surcharge du décor sculpté de l'intérieur.

A quelque 3 km au sud-ouest du temple, se trouve le lac artificiel *Nakki Talao,* sur les bords duquel se trouvent un temple et des sanctuaires rupestres civaïtes.

UDAIPUR (577 m ; 170 000 habitants) peut être atteint par le train par *Chittorgarh* à partir de *Bombay* (959 km) ou par autocar à partir d'*Ahmedabad* (250 km), *Udaipur* est également relié à Delhi, Jaipur et Ahmedabad par des lignes aériennes.

Joliment située sur une hauteur à l'est d'un lac artificiel *(le lac Pichola),* la ville fut entourée de fortifications et de fossés en 1568 par le *Maharana Udai Singh* fondateur de la cité.

Parmi les principales curiosités, citons le *palais du maharaja ;* de sa terrasse, on a une fort belle vue. A l'intérieur de l'enceinte méridionale, s'étendent des jardins où se trouvent le *Victoria Hall* et le *Musée.*

Le *lac* constitue le principal attrait de la ville ; en son milieu se trouve le *Palais de Jag Nivas :* c'est un palais de marbre qui semble flotter sur les eaux. Il sert à présent d'hôtel. Un peu plus au sud, sur une autre île s'élève le *Jag Mandir,* un petit palais bâti en grès et en marbre au XVIIe siècle. Au nord des fortifications de la cité, se trouve le *Sahelion Ki-Bari,* « le jardin des dames de vertu » qui possède des fontaines, un bassin de lotus et des « chhatris » ou kiosques de marbre noir.

On pourra également visiter le *temple Jagdish* (1651) consacré par *Jagat Singh Ier* au dieu Vichnou. Ce sanctuaire est typique de l'architecture religieuse de l'Inde septentrionale.

ΔΔΔΔ L « Lake Palace ».
ΔΔΔ « Laxmi Vilas Palace », « Hotel Lakend ».

CHITTORGARH (408 m ; 22 000 habitants) peut être atteint par le train à partir de Bombay (867 km) en 17 heures ou de Delhi (832 km) en 20 heures.

La *« Citadelle de Chittor »* (« Chittorgarh ») a connu de nombreux sièges. Au XIVe s., *Alauddin Khilji,* souverain de Delhi, assiégea la forteresse. Lorsqu'il pénétra dans la ville, il ne trouva que les cendres des brasiers où la reine et ses suivantes s'étaient jetées pour ne pas tomber vivantes aux mains de l'ennemi. Les ruines de Chittor (IXe-XVIIe s.), le berceau de la chevalerie rajpoute avec leurs murailles flanquées de bastions, les restes des palais, des tours, des temples et des bassins, dominent toujours à 150 m de haut, le plateau.

L'emblème de Chittorgarh est la « Tour de la victoire » (*Jai Stambha,* 1440) ; elle mesure 9 m de diamètre à la base et a 37 m de haut. Le monument est décoré de sculptures représentant les dieux du panthéon hindou.

« La tour de la renommée » *(Kirti Stambha)* date du XIIe s., elle est dédiée aux *Tirthankaras* jaïns qui sont représentés nus, sculptés à l'extérieur du monument.

Le Palais de Rana Kumbha, quoique fortement ruiné, est un bel exemple de l'architecture rajpoute ainsi que le palais de *Rani Padmini,* situé au bord d'une pièce d'eau.

Chittorgarh possède aussi des temples hindou et jaïn, dont certains remontent au VIIIe s. *(Sat-Bees-Dewar, Srinagar Chauri, Mirabai).*

Logement : Tourist Rest House ou Dak Bungalow. Aéroport d'Udaipur à 115 km.

AJMER (330 m ; 250 000 habitants) est à 12 heures de train de Delhi. La ville se trouve à 132 km de *Jaipur,* sur la route d'*Udaipur,* et à 437 km de Delhi.

Ajmer est située aux pieds des montagnes de *Taragarh.* Fondée au VIIe s., Ajmer est un important centre de pèlerinage pour les musulmans et fut une des résidences des grands Moghols, *Akbar, Jehangir* et *Shahjahan.*

Sur les murs du temple *Nassiana* on trouve représenté le mythe jaïn de la création du monde. Dans le sud-ouest de la ville, se trouve le *Dargah Khwaja Sahib,* mausolée du saint musulman *Khwaja Muin-ud-Din Chishti.*

La mosquée *Arhai-din-Ka-jhonpra* fut construite au XIIe s. à partir d'un monument hindou par *Mohammed Ghori.*

Dans une partie de l'ancien palais d'Akbar, ont été installées les collections du musée. Au nord de la ville se trouve le lac artificiel d'*Anasagar* (XIIe s.).

Pushkar

A 11 km d'Ajmer se trouve le *lac de Pushkar* entouré de temples hindous. A la pleine lune de novembre s'y déroule chaque année une foire aux chameaux très pittoresque et folklorique. Courses, fêtes,... ponctuent le festival qui attire des milliers de pèlerins.

JODHPUR (226 m ; 250 000 habitants) est à 18 heures de train de *Delhi.* On peut l'atteindre en voiture (bifurcation de *Beawar,* 160 km) à partir de la route Delhi/Ahmedabad.

La ville fondée en 1485 par *Rao Jodha,* construite sur une hauteur de 120 m, est entourée d'une enceinte longue de 10 km. *Jodhpur* possède plusieurs palais et temples anciens, ainsi qu'un musée situé dans le parc *Willingdon.*

ΔΔΔΔ L « Umaid Bhavan Palace ».
ΔΔ « Circuit House ».

JAISALMER (12 000 habitants). A 298 km de Jodhpur, reliée par la route ou le chemin de fer, cette ville est située dans le désert du *Thar.* Dans le temps, important caravansérail, elle a été aujourd'hui complètement isolée ; non loin se trouve la frontière avec le Pakistan. On peut encore y admirer les vestiges de son passé ; des merveilleuses constructions en pierre jaune.

A voir : l'enceinte de 5 km ; la forteresse renfermant des temples jaïns et une bibliothèque, les palais des anciens notables et le réservoir d'Amarsar.

ΔΔ « Jawahar Niwas Palace ».
Δ « P.W.D. Dak Bungalow », « tourist Bungalow ».

BIKANER (170 000 habitants). Aux portes du désert du Thar, ancien État princier ; cette ville est reliée par la route à Jaisalmer (328 km), Jaipur (321 km) et Jodhpur (246 km). Ce fut, dans le temps, une ville importante à cause des nombreuses caravanes qui y transitaient.

A visiter : la forteresse, le Lalgarh Palace, le Ganga Jubilée Museum et le Gajner Palace.

ΔΔ « Lalgarh Palace Hotel » ; « Circuit House », « Dak Bungalow ».

3. L'Inde des vallées heureuses : Amritsar, Simla, Kulu, Kangra, Mussooric, Darjeeling et le Sikkim

AMRITSAR (90 m ; 500 000 habitants) est la capitale du *Punjab* et le centre religieux de la communauté *Sikh*. On atteint *Amritsar* par le train à partir de Delhi (447 km) ou par avion (3 heures environ). La ville située au bord d'un lac artificiel fut fondée en 1579 par *Ram Das* le 4ᵉ gourou des sikhs. Son fils *Arjun Dev* fit construire au centre de ce dernier le fameux *temple d'or*. De nos jours ce sanctuaire est entouré de nombreuses constructions annexes, auberges pour pèlerins, bâtiments administratifs, etc. Au XIXᵉ s., *Ranjit Singh* coiffa le temple d'une coupole en cuivre doré. On y conserve le livre saint des sikhs, le *Granth Sahib*.

A l'intérieur du *Akal Takht* (XVIᵉ s.), le palais des hautes instances religieuses, sont conservés de nombreux ustensiles du culte, en particulier le *Har Gowinds*, sabre sacré, symbole de la vocation guerrière des sikhs.

« Airlines », Mrs Bhandaris Guest House.

Par le poste frontière de *Waga* on peut se rendre à **Lahore,** *au Pakistan,* où l'art moghole s'est déployé avec splendeur. Parmi les principaux monuments le Fort Rouge, la mosquée Badashi et les célèbres jardins de Shalimar.

SIMLA (2 213 m ; 30 000 habitants) est la capitale de l'État de l'*Himachel Pradesh*. La ville est reliée par route et chemin de fer à Delhi (365 km). On peut aussi prendre l'avion jusqu'à *Chandigarh* (1 heure 15) et continuer en car jusqu'à Simla (91 km).

Sa situation élevée, sur les contreforts de l'Himalaya, fait de *Simla* un lieu de villégiature très prisé. Jusqu'en 1947, la station servait de résidence d'été au vice-roi et à la société anglaise.

Simla est situé sur une chaîne de montagnes qui s'étire des hauteurs de *Jakhu* à l'est jusqu'à *Observatory hill* à l'ouest. Sur le mont *Jakhu,* se trouve un ancien temple hindou, peuplé de singes.

De cet endroit, on a une très belle vue sur les sommets enneigés de l'Himalaya. Le centre de la ville est constitué par le *Mall*. De nombreux sports peuvent être pratiqués à Simla (golf, équitation, etc.).

« Oberoi Cecil », « Oberoi Clarks ».
« Himland Hotel ».

LES VALLÉES DE KULU ET DE KANGRA sont accessibles à partir de *Simla* en passant par *Narkanda*. Ces vallées situées à quelque 750 m d'altitude sont réputées dans toute l'Inde pour la beauté de leur paysage. C'est à la fin du printemps, vers le mois de juin, quand les arbres fruitiers sont en fleurs, que la visite de cette région est la plus agréable.

La faune des vallées est abondante, et on peut encore y apercevoir des ours et des léopards en liberté. Dans les ruisseaux, s'ébattent de nombreuses truites. Aussi il n'est pas étonnant que cette région soit très appréciée par les amateurs de chasse et de pêche.

Au sommet de pitons rocheux, des forteresses ruinées rappellent le passé belliqueux des habitants du pays. Il n'existe pas d'hôtellerie de style occidental.

MUSSOORIE, à plus de 2 000 m d'altitude, est une des plus célèbres stations d'altitude de l'Inde. Il faut 10 heures en train et 7 heures en car à partir de Delhi pour l'atteindre. *Mussoorie* est située non loin des sources du *Gange* et de la *Yamouna,* entre les sommets de l'Himalaya au nord, et les contreforts de Siwalik au sud.

« Savoy ».
« Hakman's Grand Hôtel ».

DARJEELING (2 140 m ; 47 000 habitants). On y parvient en chemin de fer ou par la route en partant de *Calcutta* (670 km), ou en avion de Calcutta jusqu'à *Baghdogra* (2 heures) et ensuite en auto (90 km).

Darjeeling était la résidence d'été du gouverneur britannique du Bengale. La région est célèbre pour les plantations de thé qui y furent installées il y a plus d'un siècle. C'est aussi une station climatique très appréciée, bordée au sud par une jungle épaisse et au nord par les sommets de l'Himalaya, dont le *Kanchenjunga* (8 579 m).

Près du *parc Victoria Pleasance,* se trouve un intéressant *musée d'histoire naturelle* (collections d'insectes). Des taxis amèneront les touristes à *Tigerhill* (10 km), d'où l'on aperçoit la plus haute montagne du monde : le *Mont Everest* (8 848 m), près de là, se trouve le monastère bouddhique de *Ghoom*.

Au centre de la cité, se trouve le *bazar,* qui est particulièrement animé en fin de semaine.

Sur *Observatory Hill,* se trouve un sanctuaire qui attire aussi bien les pèlerins bouddhistes que les hindous, et plus à l'est on peut voir un *chorten* (stupa, sanctuaire bouddhiste tibétain) et le monastère attenant construit dans un style népalo-tibétain.

De nombreuses excursions en montagne peuvent être faites à partir de *Darjeeling.* S'adresser à l'école des guides locaux dirigée par *Sherpa Norkay Tensing.* Le jardin botanique avec ses magnifiques orchidées et ses plantes himalayennes vaut également une visite, enfin les environs de Darjeeling sont réputés pour la beauté des paysages parsemés de villages pittoresques.

ⴰⴰⴰL « Oberoi Mount Everest ».
ⴰⴰ « Windamere ».
ⴰ « Central ».

Depuis peu des excursions en « Land Rover » dans l'État du *Sikkim* sont organisées à partir de Darjeeling. (Pour le Sikkim, il faut demander un permis spécial à l'Ambassade de l'Inde en s'y prenant 6 semaines à l'avance.)

Le Sikkim

Le *Sikkim,* ancien royaume himalayen, a été annexé à l'Inde en 1975 et constitue actuellement un des États de l'Union Indienne. Le Sikkim est situé dans l'Himalaya de l'Est ; il est contourné au Nord par le plateau Tibétain et à l'Ouest par le royaume du Népal. A l'Est, se trouvent le royaume du Bhoutan et la vallée tibétaine de Chumbi.

90 % de sa population est une population rurale. 3 communautés prépondérantes : les Lepchas, les Bhutias et les Nepalis parlent chacune leur propre langue.

67 monastères, dont le plus important est celui de Rumtek.

La religion prépondérante est le « bouddhisme Mahayana ».

La meilleure période pour une visite se situe entre mi-février et fin mai.

La région est intéressante par ses monastères et pour la pratique du « trekking ».

La vie d'un monastère au Sikkim

Le Sikkim possède trois sortes d'édifices religieux : les grottes, les *« chörten » (stupa)* et les monastères *(gom-pa).* Le monastère traditionnel est de plan carré, à murs massifs faits de pierres maçonnées peintes en blanc. Le toit surplombe la construction et est constitué de deux étages superposés ; le faîtage est orné de symboles bouddhiques dorés. Le vestibule est orné de peintures représentant rois, protecteurs bouddhiques des points cardinaux, la roue de la vie ; la salle de réunion où ont lieu prières et cérémonies s'ouvre sur un vestibule. Le *lakhang* ou sanctuaire des dieux est situé au premier étage du bâtiment ; ici ont lieu les cérémonies officielles. On y conserve le *tripitaka* (textes canoniques bouddhiques). L'étage supérieur contient les xylographes des rituels et les masques utilisés pour les fêtes sacrées.

Le jeune novice qui entre dans le monastère doit, pendant un an, souffler dans les conques pour réunir les moines ; l'année suivante, il est chargé de remplir les récipients d'eau bénite ; puis pendant trois ans, il est responsable de la préservation des peintures *(thangka).* Il reçoit son enseignement dans deux séminaires : le Collège des Explications où l'on enseigne les écritures ésotériques et le Collège des Réalisations où l'on pratique les *tantra* (rituels).

Aussi bien les touristes individuels que les groupes peuvent visiter le Sikkim, à condition qu'ils se munissent d'un permis spécial en en faisant la demande à l'Ambassade de l'Inde, ou directement au ministère des Affaires intérieures à *New Delhi,* et ceci au moins 6 semaines avant leur départ.

Le permis est donné pour un nombre très limité de jours.

4. Villes et temples au cœur de l'Inde : Gwalior, Khajuraho, Lucknow

Gwalior et Khajurhao sont situées dans l'État du Madya Pradesh, le plus grand de l'Union Indienne, au centre du pays.

GWALIOR (556 000 habitants, 320 km de Delhi, sur la ligne du chemin de fer Delhi/Madras ; 115 km au sud d'Agra, par la route). Ancien État princier ayant appartenu à la famille rajpute Sindhia, Gwalior est une forteresse perchée sur un éperon rocheux (Gopagiri) avec des temples, des réservoirs, des palais ayant appartenu aux Moghols jusqu'en 1757.

La forteresse rajpute de Gwalior est surnommée « la perle de l'Hindustan » avec ses temples hindous et ses sculptures Jaïns taillées dans la roche. Fondée au

IIIe siècle de notre ère par un chef rajpute Suraj Sen, la ville doit son nom à un ascète qui aurait sauvé Suraj Sen de la lèpre. A la fin du Xe siècle, le fort passe entre les mains d'un autre clan rajpute et au XIe siècle, il est soumis par les Chandella. En 1232, la forteresse est prise par le sultan de Delhi. Lorsque le sultanat de Delhi est ravagé par Tamerlan, au XIVe siècle, une autre dynastie rajpute s'installe à Gwalior. La ville devient alors un centre musical réputé où s'illustrera Tansen, le plus grand musicien de la cour d'Akbar, qui serait mort en se cassant les cordes vocales, au cours d'un récital, devant l'Empereur.

La montée vers le fort peut s'effectuer à dos d'éléphant.

On pénètre à l'intérieur par six portes. Le fort englobe de nombreux palais, des mosquées, des temples et des pièces d'eau.

Le *Man Singh Mandir* et le *Gujari Mahal* construits par le prince *Man Singh* pour l'une de ses favorites native du Gujarat, sont de beaux exemples de l'architecture hindoue des XVe-XVIe s. On visitera également le musée, le temple *Sas Bahu* qui date du XIe s., le *Teli-Ka-Mandir* (temple des marchands d'huile) ainsi que les statues monumentales des *Tirthankara jain,* sculptées dans le rocher.

La ville s'étend au nord-est du fort, on peut y voir le mausolée de *Mohammed Ghaus* (XVIe s.) un saint musulman, et celui de *Tan Sen* (également du XVIe s.), un célèbre musicien de la cour d'*Akbar.* Le plus grand tapis du monde est exposé dans le palais *Jai-vilas.*

KHAJURAHO (280 m ; 2 700 habitants) peut être visitée en une journée grâce aux excursions en avion organisées par les agences de voyages de Delhi. On peut aussi prendre le vol régulier *Agra / Bénarès* et passer la nuit à *Khajuraho.*

Le site se trouve à l'emplacement de l'ancienne capitale de la dynastie *Chandela* (IXe-XIIIe s.). Entre 950 et 1030, de nombreux temples y furent construits, et une trentaine d'entre eux ont été conservés.

Les temples de *Khajuraho* forment le plus bel ensemble de temples médiévaux de l'Inde centrale. Ils sont remarquables autant du point de vue de l'architecture que de la sculpture. Une multitude de statues illustrant le panthéon hindou, de gracieuses figures féminines ainsi que des couples amoureux *(mithouna)* foisonnent sur les façades.

La multiplication de la statuaire érotique dans la décoration des temples hindous a été expliquée de différentes façons : ces sculptures représentent la « joie et le plaisir du monde des dieux », et sur un plan spirituel, symbolisent l'union dans l'enceinte du temple de l'*Atman* et du *Brahman* (la fusion de l'esprit individuel dans l'âme universelle).

L'art de l'amour en Inde

A Khajurhao, la représentation de l'amour physique est un véritable « film » des plaisirs de la chair. Mais, en Inde, l'érotisme fait figure de science avec le *Kamasutra* qui est une description précise de l'amour charnel et un traité du plaisir. Si la poésie de l'Inde célèbre la femme jusqu'à la diviniser, l'*apsara* représente la femme idéale, la *shakti,* l'énergie sans laquelle l'homme ne pourrait pas atteindre la Déesse Mère. En Occident, le premier couple est maudit ; en Inde, l'homme et la femme unis sont une prière divine, union de la Substance *(prakriti)* et de l'Essence *(purusa),* en un mot l'image de la béatitude.

Les temples sont groupés en deux ensembles, l'un situé à l'est, l'autre au sud. Parmi les temples les plus importants, on visitera le *Kandarya Mahadeva* (XIe s.) décoré de plus de 900 figures de nymphes célestes, le *Lakshmana* et le *Vishvanatha* ainsi que le musée attenant (à l'ouest). Le *Ghantai* et le *Parshvanatha* (à l'est) et le *Duladeo* (au sud). La sveltesse et la grâce contournée des figures féminines de Khajuraho sont sans égal : les jeunes femmes ont été surnommées « Surasundari » (séductrices divines) et sont représentées se regardant dans un miroir enlevant une épine de leur pied, et sous d'autres aimables aspects.

La visite des temples se fait en général avec un guide (parlant anglais) de façon à ce que les visiteurs puissent reprendre l'avion le jour même.

LUCKNOW (117 m ; 1 000 000 habitants) est un important nœud routier et ferroviaire et la capitale de l'État d'*Uttar Pradesh.*

La ville est située à 484 km au sud-est de *Delhi* et peut être atteinte en avion par *Agra* en deux heures de vol environ.

Les princes *(Nawabs)* de *Oudh* choisirent au XVIIIe s. ce site pour y installer leur résidence. Les palais, les jardins et les sanctuaires çivaïtes de la ville permettent d'imaginer ce que pouvait être l'atmosphère de cette résidence princière au temps de sa splendeur. Les monuments les plus intéressants sont situés à l'ouest du *pont Hardinge,* sur la rive droite de la *Gomati.*

Le « Grand Imambara » qui contient la tombe d'Asaf-ud-Daula (1784) est un gigantesque monument, long de près de 60 m sur une largeur de 16 et une hauteur de 15 m. Le « petit Imambara » construit de 1842 à 1847 est le mausolée de *Mohammed Ali Chah.* Parmi les autres monuments remarquables citons, *Rumi Darwaza,* le palais *Chhatar Manzil,* ainsi que de nombreuses mosquées, des parcs, des pièces d'eau et des mausolées qui font de *Lucknow* une ville intéressante à visiter.

5. *Un rosaire de pierres : le stupa de Sanchi*

SANCHI (427 m ; 2 000 habitants) n'est qu'un petit bourg situé à 45 km au nord-est de *Bhopal*, la capitale du *Madhya Pradesh*, mais la localité est près de l'un des sites archéologiques les plus représentatifs de l'art ancien de l'Inde : *les stupas de Sanchi* (IIe-Ier s. av. J.C.).

La tradition relie la fondation de ces monuments bouddhiques destinés à abriter les reliques de deux disciples du Bouddha *Sariputra* et *Maugdalayana* au règne de l'empereur *Açoka* (voir p. 10). *Mahendra* qui introduisit le bouddhisme à Ceylan aurait également séjourné dans ce monastère (voir guide Marcus Sri Lanka p. 33). *Sanchi* fut redécouvert en 1818 par des militaires anglais. Entre 1883 et 1919, on procéda à d'importantes fouilles et à la restauration des stupas. Les trois stupas se présentent sous la forme d'hémisphères surmontés de petits belvédères autrefois coiffés eux-mêmes de parasols, aujourd'hui disparus. Les stupas sont entourés d'une balustrade *(védika)* dans laquelle s'ouvrent aux quatre orients des portiques *(torana)* décorés de sculptures et de bas-reliefs.

La balustrade du stupa 2, décorée de médaillons (lotus, éléphants), est la plus ancienne (IIe s. av. J.C.). *Le grand stupa n° 1*, mesure encore 13 m de haut, son diamètre est de 31 m. Les quatre portiques sont sculptés avec grand art, les bas-reliefs qui ornent les traverses illustrent dans un style spontané et vivant, les événements de la vie du Bouddha : la naissance, le grand départ, l'illumination,etc. De belles figures féminines (*Yakshini* : nymphes, fées) sculptées en ronde-bosse se détachent des montants des « torana ».

Il ne reste qu'un seul portique du *stupa n° 3*, du même style que ceux du grand stupa.

Autour de ces monuments, on visitera les vestiges des monastères *(vihara)* et des sanctuaires *(chaitya)* qui furent construits près des stupas à l'époque gupta (IVe-Ve s.) et aux périodes suivantes. En dehors du :

« Travellers Lodge », il n'existe à Sanchi que des auberges fort simples et un « Rest House » où l'on peut se restaurer.

La diffusion du Bouddhisme hors de l'Inde

Le Bouddha prêcha une morale, une éthique, un mode de vie, mais en aucun cas une religion avec le panthéon traditionnel de divinités ; peut-être aurait-il été surpris du caractère œcuménique de sa doctrine et de sa diffusion à travers toute l'Asie. Pourtant, dès 260 avant notre ère, le Bouddhisme est porté à Ceylan. Vers le Ier siècle, les *Kushana,* venus des confins des steppes et de l'Iran oriental, adoptèrent la doctrine dans les territoires actuels du Pakistan et de l'Afghanistan. Le point le plus occidental atteint par le Bouddhisme est attesté au Tadjikistan (Asie Centrale Soviétique) où un grand Bouddha en position de *« paranirvana »* a été découvert à Adzhina Tépé. Par le sud, par voie maritime, et par le nord, par la « Route de la Soie », il est parvenu en Chine au début de notre siècle, en Corée en 372, et au Japon vers 552.

6. *Dans les pas du Bouddha : Patna, Nalanda, Rajgir, Bodhgaya*

Au VIe siècle avant notre ère, un prince devenu ascète découvrit la voie de la sagesse après avoir atteint « l'illumination ». Il exercera l'essentiel de ses activités au Magadha situé dans l'État actuel du Bihar.

A Patna (l'ancienne Pataliputra), se tint le troisième concile bouddhique de – 341 ; à Nalanda, la plus grande université du bouddhisme mahayana regroupait plus de dix mille étudiants ; à Rajgir (l'ancien Rajagriha), le Maître prêcha ; enfin, à Bodhgaya, le Bouddha assis sous un arbre pippal atteignit l'Éveil *(« bodhi »)*.

PATNA (53 m ; 600 000 habitants), sur la rive méridionale du *Gange,* peut être atteint de *Delhi* (984 km) par le *Northern Railway* et de *Calcutta* (533 km) par le *Eastern Railway.* Des lignes aériennes relient également *Patna* aux deux dernières villes et à *Katmandou,* au Népal.

Situé sur l'emplacement d'une des plus anciennes villes de l'Inde : *Pataliputra, Patna* est devenu un grand centre industriel.

La physionomie de la ville a été fortement marquée par les Anglais au début de ce siècle. Le quartier (ancien) de *Bankipur* à l'ouest est dominé par le réservoir à grains de *Golghar*, haut de 26 m d'où l'on a une belle vue sur le reste de la ville. Patna possède également un *musée*.

🏨 « Hotel Maurya Clarks », « Hotel Pataliputra Ashok ».
🏨 « Hotel Republic ».

NALANDA, à 90 km au sud-est de *Patna*, était du Ve au XIe s. une des plus grandes universités bouddhiques de l'Inde. Elle fut visitée au VIIe s. par le célèbre moine et pèlerin chinois *Huan-tsang*.

Les fouilles de ces 50 dernières années ont mis à jour les vestiges de nombreux monastères et sanctuaires, ainsi que des sculptures qui ont été installées dans un *musée*.

A 18 km au sud de Nalanda, se trouve

RAJGIR, l'ancienne *Rajagriha* capitale du royaume de *Magadha*, où résidait le roi *Bimbisara* (582-554 av. J.C.) contemporain du Bouddha, *Mahavira* qui dispensa également ici son enseignement.

Rajgir possède un grand nombre de monuments bouddhiques et jaïns (stupa, monastères, temples). La ville est aussi réputée pour ses sources thermales radio-actives.

BODHGAYA (113 m ; 2 100 habitants) est situé à 110 km au sud de *Patna* ; on l'atteint par train ou bus à partir de cette dernière ville. C'est ici que le prince *Siddhartha* (le futur Bouddha) trouva la voie de la délivrance en méditant sous l'arbre de la *Bodhi* et qu'il trouva l'illumination spirituelle et la connaissance suprême. Pour commémorer cet événement on éleva un stupa au IIe-Ier s. av. J.C. dont il ne reste rien. Le monument actuel haut de 54 m fut construit une première fois à l'époque gupta sur l'ordre d'un roi de Ceylan. Reconstruit au XIe s., il fut encore restauré à une époque récente. Près du temple, on montre aux pèlerins un rejet de l'arbre de l'illumination.

🏠 « Travellers Lodge ».

Évolution de l'art bouddhique en Inde

Les plus anciens vestiges artistiques du Bouddhisme datent du IIIe siècle avant J.C. du règne de l'Empereur Açoka de la dynastie Maurya ; ce sont les restes du palais de Pataliputra et des colonnes dont le poli et les chapiteaux surmontés d'animaux en ronde-bosse révèlent l'influence de l'Iran hellénisé. La première école de sculpture bouddhique (styles de Bharhut et de Sanchi) se développa aux IIe et Ier siècles avant J.C. ; les bas-reliefs narratifs illustrent les vies antérieures *(jataka)* du Bouddha, mais le Maître n'est représenté que par des symboles.

Contemporaine des écoles de Mathura et d'Amaravati, l'école du Gandhara se développa au nord-ouest de l'Inde ; l'esthétique est hellénistique ; l'iconographie du Bouddha apparaît pour la première fois. Les débuts de l'ère chrétienne sont marqués par trois écoles Mathura (grès rouge), Amaravati (calcaire marmoréen), Gandhara (schiste bleu). De nombreux stupa sont élevés dans la région d'Amaravati aux IIe et IIIe siècles. Le IVe siècle voit l'apogée de la dynastie Gupta, la caractéristique est une prédilection pour le corps humain, par la pureté des formes. L'art bouddhique disparaît de l'Inde au XIIe siècle avec la montée de l'Islam, dans la région de Delhi.

7. L'Orissa ou l'âme de l'Inde : Bhubaneshwar, Konarak, Puri

L'Orissa est un des Etats les plus attachants de l'Inde. Avec ses temples parmi les plus prestigieux du pays, il a conservé un style de danse dont les postures suivent fidèlement les sculptures des sanctuaires ; c'est probablement le style le plut lyrique de l'Inde.

Les temples comportent une tour *(shikhara*, ou *deul)* dressée sur un corps carré *(bada)* et couronnée d'un élément côtelé *(amalaka)*. La paroi est divisée en trois plans, du haut en bas, celui du centre, en saillie possédant l'iconographie la plus importante. On pénètre par une salle rectangulaire *(jagamohana)* recouverte d'une toiture plate ; puis, par un court passage *(antarala)* on accède à la cella plongée dans l'obscurité *(garbhagriha)* qui abrite la divinité.

BHUBANESHWAR (40 m ; 120 000 habitants) est atteint facilement par la route ou le train en une nuit à partir de *Calcutta* (489 km). Des vols quotidiens relient également les deux villes.

Bhubaneshwar est constitué d'un quartier moderne (capitale de l'*Orissa*) et d'un site ancien où sont situés les temples du vieux

Bhubaneshwar (VIIIᵉ-XIIIᵉ s.). Ces temples se rattachent au type propre à l'Inde septentrionale.

Le *Lingaraja* qui fut construit vers l'an 1000 est avec sa tour aux lignes incurvées *(çikhara)*, haute de 40 m, le plus grand des temples du site. Il est dédié à Çiva dont le *lingam* (symbole de la force créatrice du dieu) conservé dans la cella du temple, est objet de la dévotion des fidèles. Les petits « çikhara » disposés le long de la façade, ainsi que d'autres adjonctions font du Lingaraja l'aboutissement du style architectural des temples de l'Orissa. Le sanctuaire n'est accessible qu'aux Hindous.

Le *temple Mukteshwara* qui date aussi du Xᵉ s. est renommé pour la profusion de ses sculptures entrelacées. Ses dimensions 14 × 7,5 m sur une hauteur de 11 m en font presque un temple miniature.

Derrière le *jagmohan,* face à l'entrée du temple, on remarquera un portique *(torana)* en grès finement sculpté.

Le plus ancien temple de Bhubaneshwar est le *Parasurameswara* (VIIᵉ s.) dont on remarquera la structure simple du *çikhara* et le *jagmohan* à toiture plate, ainsi que les bas-reliefs représentant des frises d'éléphants et de chevaux. C'est à partir de ces éléments que se développera le style architectural de l'Inde septentrionale, qui voit son aboutissement dans le *temple Raja Rani.* Ce temple du XIIIᵉ s. est caractérisé par la profusion et la préciosité de ses ornements architecturaux et de son décor sculpté, en particulier les gracieuses et séduisantes figures féminines au mystérieux sourire *(Nayika* ou *Alasa Kanya),* dont les poses alanguies évoquent l'attente des plaisirs amoureux.

A 9 km de la ville, au milieu des collines ont été creusés les sanctuaires rupestres jaïns et bouddhiques d'*Udayagiri* et de *Khandagiri,* dont les plus anciens remontent au IIᵉ s. av.J.C.

KONARAK (8 000 habitants) en bifurquant à gauche à partir de la route *Bhubaneshwar-Puri,* on arrive après 68 km à *Konarak.* Le célèbre temple qui s'y trouve était connu autrefois sous le nom de « Pagode noire » et plus récemment comme « temple du soleil de Konarak ». Il fut construit vers 1250 par un prince de la dynastie *Kesari,* dédié au dieu solaire *Surya ;* on lui a donné l'aspect d'un « chariot solaire » traîné par des chevaux sculptés.

Chaque roue du char divin est formée de huit rayons principaux représentant les quatre points cardinaux, et les autres points intermédiaires. Huit rayons secondaires complètent les différents points de l'espace que parcourt le soleil selon la cosmologie indienne. La tranche du moyeu représente un lotus comportant seize pétales. Les médaillons historiés ornant les rayons principaux et l'about d'essieu représentent des scènes érotiques divines, très fréquentes dans l'Inde médiévale, selon le *shaktisme* de diverses sectes hindoues. Rappelons enfin, que la roue symbolise la chaîne interminable des renaissances *(samsara)* et que en plus, ici, le parcours du char du soleil qui conquiert le ciel représente le maintien de l'Ordre et de la Loi, à travers l'Univers.

Le plan original du temple correspondait à celui du *Lingaraja,* mais seul le *jagmohan* (hall précédant le sanctuaire) a été conservé.

Les façades du temple sont ornées d'une multitude de sculptures et de bas-reliefs représentant les dieux, les musiciens et les couples amoureux qui peuplent les sphères célestes, et de scènes animées illustrant les grands thèmes de la mythologie hindoue.

On revient par la même route jusqu'à la bifurcation de la route qui mène à *Puri.*

PURI (80 000 habitants) au bord du golfe du Bengale, est l'un des grands centres de pèlerinage de l'Inde. Au centre de la ville, se trouve le *temple Jagannath,* consacré au dieu Vichnou « maître de l'Univers » dont la fondation remonte au VIIᵉ s. Le temple actuel fut construit au XIIᵉ s., mais certaines adjonctions sont plus récentes. Le çikhara, haut de 60 m, domine toute la cité. Dans la cella du temple, sont conservées les statues de bois de *Jagannath* (Vichnou souverain universel), de son frère *Balabhadra* et de sa sœur *Subhadra.*

Chaque année, en juin ou juillet, les pèlerins viennent par millions pour célébrer la grande fête des chariots *« Ratha Yatra ».* A cette occasion, la statue du dieu est transportée sur un chariot haut de 14 m, tiré par les fidèles à travers les rues de la ville. L'entrée du temple est réservée aux Hindous, mais d'une terrasse voisine, les touristes peuvent y jeter un coup d'œil.

⌂ « S.E. Railway » ; situé au bord de la mer, et hébergement simple.

A 60 km environ de Puri, complexe balnéaire à Gopalpur-on-Sea.

⌂ L « Oberoi Palm Beach ».

8. En pays dravidien : Bangalore, Srirangapatnam, Mysore, Goa, Somnathpur, Belur, Halebid, le Karnataka

BANGALORE (920 m ; 2,5 millions d'habitants) est la capitale de l'Etat de *Mysore,* qui a pris récemment le nom de *Karnataka.* Communications routières avec *Madras* (357 km) et Bombay, Delhi, Hyderabad, Madras, etc., ferroviaires avec Cochin, Hyderabad, Madras, Mysore, Puna, Tiruchirapalli, etc.

La fondation de la ville remonte au XVIe s. mais son apparence actuelle lui a été donnée à l'époque victorienne. *Bangalore,* à cause de son altitude, jouit d'un climat agréable ; conçue d'après un modèle anglais, parsemée de parcs et de jardins, la ville attirait autrefois nombre d'anciens résidents des Indes britanniques qui venaient s'y installer après leur retraite.

Le centre de la cité, nommé *Petta,* se trouve dans les quartiers ouest de la ville moderne. Le vieux fort (XVIIIe s.) conserve des souvenirs des guerres entre *Tipu Sultan* et l'Angleterre.

On pourra aussi visiter le palais du maharaja, le temple de Nandi (taureau de Çiva), avec une sculpture étonnante de Nandi.

🏨🏨🏨 « Ashoka » ; 🏨🏨 « West End Hotel », « Kwality », « East-West », « Shilton ».

✈ Service aérien quotidien entre Bangalore et Bombay.

SRIRANGAPATNAM est situé sur une île longue de 5 km, au milieu de la rivière *Cauvery,* à 125 km de *Bangalore* sur la route de *Mysore.*

Srirangapatnam était la capitale des princes du Mysore *Haidar (Hyder) Ali* (1761-82) et *Tipu Sultan* (1782-98), qui fut vaincu par les Anglais, qui investirent la ville et le fort en 1798.

Le fort est entouré d'une double enceinte ; plus à l'est, se trouve le *palais d'été* que Tipu Sultan fit construire dans un style mauresque. Dans le parc *Lalbagh,* on peut voir les mausolées d'Haidar Ali et de Tipu Sultan.

MYSORE (767 m ; 400 000 habitants) est situé à 140 km au sud-ouest de *Bangalore* et à 15 km au sud de *Srirangapatnam.* L'ancienne capitale de la principauté de Mysore possède de nombreux palais, le *Lokaranian,* le *Jaghan Mohan* et le *Lalitha Mahal,* construits dans un style indo-islamique. Dans le sud-est de la ville se trouve *Chamundi Hill,* une hauteur sur laquelle on a construit un palais et un temple dédiés à la déesse *Chamundi = Kali,* protectrice de l'ancienne dynastie régnante.

Non loin de là, a été sculptée dans le roc, une grande statue du taureau *Nandi.*

Au cours du mois de septembre ou d'octobre, on célèbre chaque année à Mysore, en grande pompe et en présence des membres de l'ancienne famille régnante, la fête de *Dusserah.*

GOA (950 000 habitants), situé sur la côte de la mer d'Oman, est un territoire d'une superficie de 3 609 km^{2} qui fut de 1516 à 1961 une colonie portugaise. 40 % de sa population est catholique. De nos jours, Goa est devenu un centre balnéaire mondialement connu pour la beauté de son décor naturel.

On séjournera de préférence à *Panaji* « New Goa », ou l'on pourra visiter le palais épiscopal et le palais Idalcao.

Parmi les autres centres d'intérêt, citons les anciens forts portugais *Tiracol, Alorna, Chapora* (au nord) ; *Agaoda* et *Reis Magos* (au sud). La vieille Goa *(Velna Goa)* possède de nombreuses églises anciennes de style manuélin : *N.D. du Rosaire* (1510) ; *St-François d'Assise, Monastère de Ste-Monique, la Basilique du Bon Jésus* avec le tombeau de St-François-Xavier. A 20 km de *Panaji* on pourra aussi visiter les temples hindous de *Manguesh* et de *Mardol* (XVIe s.) et 13 km plus loin au sud celui de *Shri Shantadurga.*

🏨🏨🏨🏨 L « Bogmalo Oberoi », « Fort Aguada » ; 🏨🏨🏨 « Hotel Fidalgo », « Hotel Mandovi » ; 🏨🏨 « Solmar ».

SOMNATHPUR à 35 km de Mysore, près d'un modeste village, se trouve le *temple de Keçava* dédié à Vichnou, plus connu sous le nom de « temple étoile de Somnathpur ». Il se compose de trois sanctuaires de dimensions modestes, précédés d'un hall unique construit sur une même terrasse en forme d'étoile. Les façades et les toitures sont entièrement couvertes d'un décor sculpté, dont les thèmes s'inspirent de la mythologie hindoue. Le *temple de Somnathpur* peut être considéré comme le plus complet des monuments élevés sous la dynastie *Hoysala* au cours des XIIe-XIIIe s. Musiciennes, danseuses, animaux fabuleux ont été sculptés dans un style quelque peu baroque qui parachève l'art de la sculpture de l'Inde médiévale.

BELUR ET HALEBID. On atteint *Belur* à partir de Mysore (152 km) en prenant une route en direction du nord-ouest, après être passé au sud d'un barrage sur la *Cauvery* (réservoir de *Krishnarajasagar*) et à *Sranwanabelgola,* on arrive au site de Belur où se trouvait une cité importante du royaume *Hoysala.*

Le temple *Chenna-Keshawa* fut construit en 1133 pour célébrer la conversion au Vichnouisme du roi *Vardhana*. On pénètre par un porche (gopuram) dans l'enceinte sacrée au milieu de laquelle s'élève sur une plate-forme le temple principal, précédé d'une salle d'accueil. Le temple est renommé pour son décor extérieur qui comporte de multiples figures sculptées. 28 fenêtres fermées par des grilles sculptées dans la pierre, laissent filtrer le jour à l'intérieur du sanctuaire, où se trouve une belle statue du dieu, à qui le temple est dédié.

Halebid l'ancienne capitale des Hoysala, est située à 16 km de *Belur*. Parmi les temples dont la construction s'échelonne du XIe au XIIIe s., on remarquera le *Kedareshwara* et le *Hoysaleshwara*, dédié à Çiva et à son épouse Parvati. Ce temple reprend en plus grand le plan en étoile du temple de Belur. Comme les autres monuments construits à cette époque par la dynastie régnante, il est réputé pour son décor sculpté d'une grande beauté.

Sravanabelgola est un important lieu de pèlerinage jaïn. On peut y voir au sommet d'une hauteur, la statue colossale haute de 19 m de l'*ermite jaïn Gomateswara*, sculptée vers la fin du Xe s. dans un énorme bloc de rocher.

Le Karnataka ou l'Inde profonde :

Le Karnataka s'étend des monts du Mysore à la côte occidentale de l'Inde. Il fit partie de l'empire Maurya ; puis, au VIe siècle, des Chalukya et aux XI-XIIe siècle, des Hoysala. Au XIVe siècle, il constitua un petit royaume hindou qui ne fut démantelé par les musulmans, qu'en 1565. Cet Etat n'existe que depuis 1973, il était plus connu sous le nom de Mysore. La région riche en trésors archéologiques, se visite à partir de Belgaum. De là, il faut prendre la route jusqu'à Bagalkot (128 km), pour accéder au petit village de Badami, seconde capitale des rois Chalukya, fondée au VIe siècle, entourée de collines de grès rouge.

La visite de Badami :

Grotte n° 1 : Consacrée à Shiva ; elle date de 500-580. Sa véranda est décorée de piliers. Les hauts-reliefs représentent Durga, Ardhanarishvara, Hari-Hara, ainsi que des médaillons. A l'entrée, sur la paroi rocheuse : Shiva, Nataraja.

Grotte n° 2 : Consacrée à Vichnou, elle est précédée de deux *dvarapala*. L'intérieur à 8 piliers, est décoré de reliefs représentant des médaillons de *mithuna*, de scènes mythologiques. Une inscription en kannara (langue dravidienne) est datée de 786.

Grotte n° 3 : Dédiée à Shiva et Vichnou. Précédée d'un escalier de onze marches. Elle a été creusée en 578 par Mangalesha, frère du roi Kirtivarman (566-596). Les chapiteaux des piliers sont ornés de *mithuna* (couples amoureux). Dans la véranda, se trouvent des reliefs représentant Vichnou sur le serpent Sesha, avec quelques-uns de ses *« avatara »*. Le plafond sculpté porte des traces de peintures (épousailles de Shiva ?).

Grotte n° 4 : Consacrée au Tirthankara Jaïn, Parshvanatha, et Mahavira (vers 650). Précédée d'une véranda, la salle est décorée de bas-reliefs. Belle vue sur le village avec son lac et ses temples.

Aux environs de Badami : Temples de Malegitti Shivalaya, de Mallikarjuna (X-XIe S.) et Shivalaya (fin VIe s.).

Pattadakal (se visite à partir de Bagalkot – 23 km de Badami) : A 12 km avant d'arriver à Pattadakal, on fera un détour de 5 km pour se rendre au temple de Makuteshvaranatha, construit près d'un bassin sacré, entouré par une enceinte. Au fond de l'enceinte, temple de Mallikarjuna ; ils sont tous deux de la fin du VIe s.

Les temples sont classés selon leur style

Style du nord : Papanatha (680), piliers intérieurs décorés de scènes du Ramayana et de motifs représentant des *mithuna*.

Grande statue de Nandi dans le *mandapa*.

Temple Jambulinga (669) dédié à Shiva.

Temple Kara Siddeshvara dédié à Shiva. Salles ornées de bas-reliefs.

Temple Kashinatha dédié à Shiva, surmonté d'un haut *shikhara*.

Style dravidien
Temple Virupaksha dédié à Shiva. Grand *mandapa* à trois entrées. Le sanctuaire renferme un *lingam*. Il est entouré de murs.

Temple Mallikarjuna (740) plan en forme de croix.

Temple Sangameshvara dédié à Shiva. Sanctuaire éclairé par des *jali* (fenêtres de pierre).

Aihole (26 km de Pattadakal et 49 km de Badami) : est le berceau de l'architecture indienne. Le site comprend 70 monuments datés entre 450 et 700, autour d'un village.

Le Lad Khan (du nom d'un personnage musulman important qui en avait fait sa demeure) est le temple le plus ancien. Construit vers 450, il est dédié à Surya, de plan carré et s'ouvre à l'est par un porche saillant. Le toit, presque plat, est constitué de plaques de pierre.

Le temple de Durga date de 550 ; il est construit dans le style d'un *chaitya* bouddhique. Les murs extérieurs sont décorés de bas-reliefs représentant Durga, Shiva, Nandi, Vichnou. Une galerie à piliers entoure tout l'édifice. La salle centrale éclairée par des *jali*, est divisée en trois nefs, par deux rangées de piliers. Sur le toit, se dresse une tour curviligne de style *nagara*.

Le temple de Meguti fut élevé en 634. L'extérieur est orné de motifs représentant des *ghana* (nains) et des *yakshi* (femmes). Un *mandapa* (salle à piliers) précède le sanctuaire auquel il est réuni par un vestibule *(antarala)*.

Le temple de Hucchapaya, contient de superbes bas-reliefs aux plafonds du porche, et du *mandapa*. Il date également du VIe siècle.

Le temple de Huchimalli construit près d'un grand bassin, possède un sanctuaire orné de dalles carrées représentant Karttikeya (fils de Shiva et de Parvati, dieu de la guerre).

Le temple de Kuntigudi (le trident de Shiva) tire son nom d'une famille *kunti* qui avait le privilège de porter le trident de Shiva lors de grandes processions.

La grotte de Ravana Phadi, dédiée à Shiva, a des murs intérieurs décorés de bas-reliefs représentant Shiva, des *apsara, Parvati, Ganesha et Durga.*

Hampi (173 km de Badami) : le nom actuel de l'ancien royaume de Vijayanagar, au sud-est de Badami, au cœur d'une région rocailleuse. L'Empire fondait sa richesse sur l'agriculture, et sur le commerce avec les Arabes et les Portugais de la côte ouest. La monnaie principale était le *« Varaha »* d'or (sanglier). Les voyageurs la décrivent avec sept enceintes fortifiées ; des aqueducs, taillés dans le granit, ravitaillaient la ville en eau potable ; les arts et principalement la musique carnatique y furent préservés.

Le site est très étendu et nécessite une journée entière de visite. D'abord, la Ville Sacrée avec de nombreux temples ; puis la Ville Royale aux temples, palais, etc.

Aux environs : le Temple de Parvati à Sandur (38 km par Hospet) encore en activité, datant du VIIe siècle, présente toute l'iconographie de Shiva et de Parvati à travers les nombreux bas-reliefs.

Divinités de bronze en pays dravidien

L'art du bronze atteint une de ses plus belles expressions en Inde du sud ; car il représente de par sa technique à la cire perdue, une création toujours renouvelée. Alors que la statue de pierre demeure immuablement au fond du sanctuaire, l'idole d'airain est faite pour être sortie du temple, promenée à la vue des fidèles au cours d'un acte appelé : *darshâna,* contemplation de la divinité de bronze, par le dévôt, au cours de fêtes régulièrement célébrées.

La civilisation du bronze est née en Inde, au cours du IIIe millénaire avant notre ère, elle est connue dans la civilisation « indusienne » née dans l'actuel Pakistan (sites de Mohenjodaro et de Harappa). Cependant, c'est en pays dravidien que l'art du bronze atteindra son plein épanouissement, principalement à Tanjore, capitale de l'empire Chola, peu après 850.

Ici, le bronzier se proclame « celui dont tout est l'œuvre » ; la tradition se transmet de père en fils et revêt un aspect sacré. L'enseignement est consigné dans des traités spéciaux concernant le rituel, l'iconographie, la technique, etc. L'artiste, intermédiaire entre les dieux et les hommes, doit se purifier le corps et l'esprit avant d'entreprendre l'œuvre qui lui est commanditée, et d'entrer en contact avec le divin. Le procédé est le suivant : le sujet est modelé en cire d'abeille ; la cire doit avoir la même épaisseur que le bronze qui sera coulé. Le sujet est recouvert de plusieurs couches d'argile fine, qui constituent le moule. Ce moule est placé sur une source de chaleur. Alors que la cire s'écoule par un orifice du haut, on verse le métal fondu par le bas. Lorsque le bronze est solidifié, on brise la coque d'argile, l'image apparaît à l'état brut. On lime les aspérités, on polit la surface de la statue, pour lui donner tout son éclat définitif.

9. *Beautés naturelles de l'Inde tamoule : Cochin, Lac Periyar, Trivandrum, Cap Comoran*

COCHIN ET ERNAKULAM (620 000 habitants) sont situés de part et d'autre d'une lagune sur la côte de *Malabar*, dans l'état du *Kerala*. Il existe des vols directs entre cet important centre urbain et portuaire et les villes de Bombay, Madras, Bangalore. On peut également atteindre *Cochin* par la route et le rail.

C'est ici que les premiers « colons » européens s'installèrent en Inde vers 1500, conduits par *Vasco de Gama* et la tradition veut que l'apôtre Thomas y prêcha l'évangile. A *Cochin*, nombreux sont les vestiges laissés par les anciennes puissances coloniales, d'abord les Portugais, ensuite les Hollandais, enfin les Anglais. Saint François-Xavier y séjourna vers 1540. Une communauté juive est installée à Cochin depuis des temps fort anciens et l'on visite la *synagogue* (XVIIe s.).

A voir à Cochin

St Francis Church (1510), première église chrétienne construite sur le sol indien par des moines franciscains portugais ; Vasco de Gama, décédé à Cochin en 1524 y est enterré. En 1663 l'église devient possession de protestants hollandais ; restaurée en 1779 elle a été transformée en église anglicane par les Britanniques en 1795.

Synagogue (1567) ; dans le quartier juif. Une pierre commémorative cite l'ancienne synagogue de Kochanagadi de 1344, à l'emplacement de laquelle a été érigé le nouvel édifice. En 1663, les Portugais détruisirent une partie du bâtiment qui prit au XVIIIe siècle son apparence actuelle. Au milieu du XVIIIe siècle, Ezekial Rahabi fit installer les carreaux de faïence chinois de Canton sur le sol de la synagogue.

Palais de Mattanchery (Dutch Palace, 1557) : offert par les Portugais au souverain de Cochin, Raja Veera Kerala Varma (1537-1561). En 1663, les Hollandais transformèrent le Palais. Au premier étage, la salle du couronnement renferme des objets ayant appartenu au prince ; sur les murs, scènes du Ramayana (XVIIe siècle).

Back Water Tour : promenade en bateau sur la lagune à travers la campagne tropicale et les canaux.

Représentations de Kathakali : dans le Gurukulam Kathakali Yogam à Ernakulam, possibilité de s'initier à l'art de la danse des temples indienne. La représentation dure 1/2 heure, on peut auparavant assister au maquillage des artistes.

Les environs de Cochin sont très pittoresques, aussi est-il conseillé d'effectuer une promenade en bateau sur la lagune.

« Sealord » ;
« International Hotel », « Casino Hotel ».

Au **LAC PERIYAR** (600 m), 194 km de *Cochin*, se trouve le plus beau parc national du pays (*Periyar Wild Life sanctuary*) constitué autour d'un lac artificiel. Le parc a pris le nom du fleuve, Periyar, transformé en lac par le Rajah de Travancore au siècle dernier afin d'irriguer les terres avoisinantes. En 1934, la région du lac fut déclarée zone protégée, et en 1978, réserve pour les espèces en voie de disparition. Le parc s'étend sur 800 km^2.

Periyar est célèbre pour ses troupeaux d'éléphants sauvages et de buffles que l'on observe sur les rives du lac ; plus rares, tigres, antilopes, gazelles, etc. La réserve contient aussi d'innombrables espèces d'oiseaux. La meilleure période pour visiter le parc sont les mois de février à mai. Le *Wildlife Information Centre* organise des promenades à dos d'éléphants à travers tout le domaine, ou en bateau sur le lac pour mieux observer la faune en activité.

« Hôtel Aranya Niwas ».

TRIVANDRUM, à 220 km de Cochin, est une station balnéaire très réputée. La plage de *Kovalam* est une des plus belles du monde avec un superbe alignement de palmiers.

A voir à Trivandrum le palais de *Padmanabhapuram* (XIVe s.), édifice en bois, ancienne résidence du Rajah de Trancore, intéressant pour ses peintures murales des XVIIe et XVIIIe siècles, et le musée de *Chitralayam*, renfermant une collection de sculptures d'ivoire et des statuettes de danses de Kathakali.

« Kovalam Beach Resort ».

Kanyakumari (Cap Comoran)

Le Cap Comoran, la pointe sud du sous-continent indien est dédié à Mahatma Gandhi (d'où furent jetées ses cendres à la mer) et au théologien Swami Vivekananda. Il constitue l'un des lieux de pèlerinages les plus importants de l'Inde. On y honore également *Parvati*, l'épouse de *Shiva*. D'après l'écriture sainte, tout hindou (adepte de Shiva) doit au moins une fois dans sa vie faire un pèlerinage à Varanasi (Bénarès) où est honoré Shiva, et à Kanyakumari. Les pieds de la statue de Parvati sont baignés par les eaux de trois mers : océan Indien, Golfe du Bengale et mer d'Oman.

Sur le cap, on peut assister simultanément, lors de la pleine lune, au coucher du soleil et au lever de la lune.

10. Grands sanctuaires de l'Inde du sud : Tiruchirapalli, Srirangam, Tanjore, Madurai

Le Tamil Nadu est dépositaire d'une grande tradition liée à l'existence de mythes et de légendes populaires relatives aux avatars des principales divinités. Ainsi, tous les endroits mentionnés dans les épopées deviennent sacrés et attirent le plus grand nombre de pèlerins. A Srirangam, le temple de Vichnou comme le sanctuaire shivaïte de Ramesvaram sont liés à l'épopée du Ramayana. C'est ici que Rama a adoré Shiva pour se purifier du meurtre de Ravana. Le temple de Minakshi, à Madurai, aurait été construit à l'endroit où Shiva accomplit 64 miracles.

Tous ces grands temples ont été construits pour le bien des populations ; lorsqu'un roi créait une nouvelle cité, il bâtissait plusieurs temples de façon à ce que les habitants puissent célébrer leur culte. Cependant, la majorité des temples ont été construits par les monarques pour célébrer leur dévotion.

On construisait également les temples pour honorer les morts, croyant qu'après une période de deuil, ils deviendraient des corps célestes auxquels on doit rendre un culte. Le rituel du culte est mentionné dans des traités appelés *Agama* ou *Tantra Sastra ;* on y trouve les préceptes concernant la propreté corporelle du dévôt, les pratiques rituelles dans le temple, enfin comment obtenir la libération finale. A la période Sangam (−300 à +200), les temples sont construits en briques, mortier et bois. Lors de la dynastie des Pallava, sous l'impulsion du mouvement piétiste *bhalti,* les temples se multiplient. Au VIIe siècle, les grottes et les temples sont décorés ou taillés dans le roc. Au IXe siècle, sous la dynastie Chola, le temple est construit en granit, des traités fixent l'emplacement des dieux et des déesses dans les niches. Tanjore en est l'exemple. Au XIIe siècle, le temple est entouré de murs et on y accède par les tours-porches ou *gopuram.* A partir du XVIe siècle, les *gopuram* sont de plus en plus élevés (jusqu'à 60 m) et recevront le nom de *rayagopura* ou tours royales.

TIRUCHIRAPALLI *(Trichinopoly,* 78 m ; 300 000 habitants) à 336 km de *Madras* par le train, peut être atteint aussi par avion à partir de Madras, Madurai, Trivandrum et Cochin.

La ville s'étend au pied d'un rocher haut de 86 m, sur lequel est construit un fort du XVIIIe s. A l'ouest de cette hauteur a été installé un bassin sacré, *Teppakulam* au milieu duquel a été construit un pavillon qui abrite les jours de fête une statue divine.

Dans l'enceinte du fort qu'on atteint par plus de 400 marches, a été construit un temple dédié au dieu Ganesh à la tête d'éléphant. Deux sanctuaires rupestres ont été creusés dans le rocher à mi-hauteur des marches, dans l'un d'eux on aperçoit les restes d'une statue du dieu Vichnou. Du haut du temple, magnifique vue sur la rivière sacrée *Kaveri.*

A 3 km de là sur l'île de :

SRIRANGAM, se trouve un important temple consacré à Vichnou Seigneur de l'univers *(Ranganath Swami,* XIVe-XVIIe s.). Le sanctuaire central est entouré de sept enceintes, celle de l'extérieur forme un rectangle de 800 sur 1 000 m environ. Du haut du toit d'une des portes *(gopuram)* de cette enceinte, on a une vue sur l'ensemble du complexe avec ses 20 autres tours et ses nombreux bâtiments annexes. Le *Mandapa des 1 000 piliers* et la cour des chevaux constituent les points d'intérêts principaux du temple. Cette grande salle possède en réalité 940 piliers de granit noir, tous ornés de sculptures qui soutiennent la toiture à une hauteur de 6 m environ ; devant les piliers ont été sculptés des chevaux cabrés montés par de fiers cavaliers (époque Vijayanagar XVIe s.).

A 2 km à l'est, s'élève un second temple un peu plus ancien de dimensions plus réduites consacré à Çiva.

🏨 « Sangram » ; 🏨 « Ashby », « Aristo ».

TANJORE *(Thanjavur)* (60 m ; 150 000 habitants) à 50 km à l'est de *Tiruchirapalli,* dans le *Tamil Nadu* peut être atteinte par la route ou le train à partir de Madras (351 km). La ville est située sur la rive droite de la rivière *Cauvery,* à environ 200 km du *Golfe du Bengale.*

Comme capitale du royaume *Chola* (907-1310), *Tanjore* joua un important rôle culturel et religieux et fut à l'époque médiévale, le principal centre de rayonnement de la culture dravidienne (de l'Inde du Sud). Sous l'égide de la dynastie *Chola* et plus tard de celle de *Vijayanagar* (1350-1565), l'architecture religieuse et les arts plastiques (sculptures et bronzes) connurent un grand essor. Plus tard, les princes Nayakkas et Marattes continuèrent à agrandir les nombreux temples fondés par leurs prédécesseurs, en y ajoutant des tours *(gopuram)* et de nouvelles enceintes. C'est ainsi que dans la seule région de Tanjore, subsistent plus de 70 temples, dont le plus important est le *Brihadishwara,* plus communément appelé « grand temple de Tanjore ».

Le temple fut élevé par l'empereur Chola *Rajaraja* entre 985 et 997. On pénètre dans l'enceinte extérieure mesurant 270 m sur 140 m par un premier gopuram, haut de près de 30 m.

Après avoir franchi un second gopuram plus petit, le visiteur se trouve devant le *Nandimandapa* (hall consacré à Nandi, le taurau de Çiva) qui précède les deux *mandapam* (salles d'accueil), derrière lesquelles s'élève le grand *Vimana* (sanctuaire surélevé) en granit de 13 étages, haut de 66 m. Au sommet du monument, a été placé un monolithe en forme de coupole pesant 80 tonnes.

Parmi les autres temples qui peuvent intéresser le visiteur, citons le *Subbrahmanya,* et à l'est du *Brihadishwara, le Palais de Yanjore* (XVIe s.), qui servait de résidence aux princes des dynasties Nayak et Maratte.

⌂ « Travellers Lodge ».

MADURAI (100 m ; 600 000 habitants) situé à 483 km de *Madras* et à 140 de *Tiruchirapalli,* est facilement accessible par la route, le train et l'avion à partir de ces deux villes.

Le point d'intérêt majeur de la ville est le « grand temple » *Minakshi,* enclos de plusieurs murs dont le plus extérieur forme un rectangle de 255 sur 220 mètres.

Le temple actuel fut construit sous le règne du *Tirumalai* de la dynastie Nayak (1623-60), il est consacré à la déesse *Minakshi* « Parvati aux yeux de poisson » et à son époux *Sundareshwara* (Çiva), ainsi qu'à leur progéniture, les dieux *Ganesha* et *Subrahmanya* (Karttikaya).

On commencera par monter sur l'imposant *gopuram* de l'entrée sud, haut de 60 m, pour avoir une vue d'ensemble du temple. On visitera ensuite successivement le sanctuaire de la déesse et le *Teppa Kulam* (bassin au lotus d'or), le sanctuaire de Çiva, et dans l'angle nord-est du temple, le *Sahasrathamba Mandapam* dédié à Çiva Nataraja et au lingam du dieu, où la *Salle des mille piliers* possède 985 colonnes décorées de sculptures représentant des dieux, des animaux et des chimères.

L'ensemble du temple est dominé par les 11 portes monumentales plus ou moins importantes (gopuram), entièrement couvertes d'un foisonnement de sculptures.

La porte Est est précédée du *Pudhu Mandapa* ou hall du prince Tirumalai.

Chaque année, au printemps, est célébré en grande pompe à *Madurai,* le mariage de la déesse et de Çiva.

🏨 « Pandyan » ; ⌂ « Travellers Lodge ».

De Madurai on peut se rendre à la magnifique réserve de **Periyar** dans les montagnes de Cardamon (voir p. 77).

Il était une fois... ou le génie des chiffres

Un savant indien nommé Sessa, inventa le jeu des Echecs. Pour le récompenser de son génie, le roi lui proposa alors de lui offrir tout ce qu'il désirait. Très modestement, Sessa lui demanda autant de grains de blé, que les 64 cases de l'échiquier, à condition de les doubler chaque fois, en passant d'une case à la suivante. Surpris d'avoir à offrir une aussi maigre récompense, le roi donna l'ordre à son ministre, de calculer la quantité de blé qu'il fallait donner à Sessa. Les jours passèrent... Le responsable du groupe des calculateurs dut se présenter devant le monarque, très déconfit, en lui expliquant :

— Grand Souverain, malgré ton immense richesse, il ne t'est pas possible de fournir cette quantité de blé. Les grains que ton savant demande, sont au nombre de dix-huit quintillions, quatre cent quarante-six quatrillons, sept cent quarante-quatre trillions, soixante treize billions, sept cent neuf millions, cinq cent cinquante et un mille six cent quinze (résultat que nous pouvons écrire ainsi : 18 446 744 073 709 551 615).

Et si tu désires donner cette récompense, ajouta le chef des calculateurs, tu devras emmagasiner ce blé dans un volume de douze trillions de m^3 (12 000 000 000 000) ; construire un grenier de quatre mètres de large, de dix mètres de long et d'une hauteur de trois cents trillions de mètres (deux fois la distance de la Terre au Soleil).

— Ce savant est aussi ingénieux que sa demande, répondit le souverain, avec admiration. Que dois-je faire ?

— Demander à ce savant et à ce sage, de compter lui-même les grains. Car, s'il travaille jour et nuit, à raison d'un grain par seconde, il n'en recueillera qu'un seul mètre cube en six mois et vingt mètres cubes en dix ans, ce qui est insignifiant pour ce qui lui reste à vivre...

(d'après « Histoire universelle des chiffres » 1981, G. IFRAH, Seghers).

INDEX